Führen in schwierigen Zeiten

Frank Saur · Heiner Ellebracht

Führen in schwierigen Zeiten

Tools und Tipps für Führungskräfte
und Coaches

 Springer Gabler

Frank Saur
Meerbusch, Deutschland

Dr. Heiner Ellebracht
Eurosysteam GmbH
Essen, Deutschland

ISBN 978-3-8349-2673-9   ISBN 978-3-8349-3693-6 (eBook)
DOI 10.1007/978-3-8349-3693-6

Die Deutsche Nationalbibliothek verzeichnet diese Publikation in der Deutschen Nationalbibliografie; detaillierte bibliografische Daten sind im Internet über http://dnb.d-nb.de abrufbar.

Springer Gabler

Lektorat: Ulrike M. Vetter, Sabine Bernatz

Gedruckt auf säurefreiem und chlorfrei gebleichtem Papier.

Springer Gabler ist eine Marke von Springer DE. Springer DE ist Teil der Fachverlagsgruppe Springer Science+Business Media
www.springer-gabler.de

Inhaltsverzeichnis

1   Einleitung   1
    Literatur   5

Teil I   Krise und Komplexität

2   **Krisenverständnis**   9
    2.1   Krisen – Gesellschaftlicher und historischer Kontext   11
          2.1.1   Traditionelle Gesellschaften und Antike   11
          2.1.2   Krisenverständnis in modernen Gesellschaften   12
          2.1.3   Krisenverständnis in der aktuellen Gesellschaft   13
    Literatur   15

3   **Komplexitätsverständnis**   17
    3.1   Merkmale von Komplexität   17
    3.2   Selbstorganisation und Chaostheorie   19
    Literatur   21

4   **Krise und Komplexität – zwei Seiten einer Medaille**   23

5   **Umgang von Organisationen mit Komplexität**   25
    Literatur   27

6   **Menschliches Verhalten in komplexen Situationen und Krisen**   29
    6.1   Verhalten unter Unbestimmtheit und Unvorhersehbarkeit   29
    6.2   Emotionen steuern unser Verhalten – und unser Überleben   32
    6.3   Neurobiologische Erkenntnisse zu Verhalten,
          Emotionen und Persönlichkeit   34

6.4   Die Bedeutung von Bewusstsein, Unterbewusstsein
      und Vorbewusstsein in komplexen Situationen 40
6.5   Stolpersteine und typisches Fehlverhalten
      in komplexen Situationen und Krisen 41
      6.5.1   Begrenzte Verarbeitungskapazität 42
      6.5.2   Begrenzte Gedächtniskapazität 43
      6.5.3   Überwertigkeit des aktuellen Motivs 43
      6.5.4   Schutz des eigenen Kompetenzempfindens 43
Literatur 44

Teil II   Führungsverständnis und Führungsmodelle
für den Umgang mit Krise

7   Selbstführung 47
7.1   Wozu Selbstführung? 47
7.2   Toolbox Selbstführung 54
      7.2.1   Bestimmen Sie Ihren Standort 54
      7.2.2   Finden Sie Ihre Stärke 59
      7.2.3   Nahrungslandkarte 63
      7.2.4   Persönliche Stressmuster erkennen 69
      7.2.5   Kleine Entscheidungshilfe 75
Literatur 78

8   Führung des Systems 79
8.1   Führung der Organisation 79
      8.1.1   Zielbildung 81
      8.1.2   Priorisierung 82
      8.1.3   Informationssammlung 82
      8.1.4   Modellbildung 83
      8.1.5   Prognosen 85
      8.1.6   Planen 85
      8.1.7   Durchführungskontrolle 87
      8.1.8   Selbstreflexion 87
8.2   Führungskooperation 90
8.3   Toolbox Führen des Systems 96
      8.3.1   Die Führungskooperation aufbauen/verbessern 97
      8.3.2   Lageeinschätzung – Vorüberlegung 102
      8.3.3   Lageeinschätzung – Die 5 Warums 103

8.3.4 Lageeinschätzung – Umfeldanalyse 106
8.3.5 Zielbildungsworkshop 109
8.3.6 Gemeinsame Führungsherausforderungen 115
8.3.7 Kleine Entscheidungshilfe für Führungsteams 119
8.3.8 Kollegiale Fallberatung 122
Literatur 127

9 Führung von Mitarbeitern 129
9.1 Problemfokussiertes Coping 137
9.2 Emotionsfokussiertes Coping 139
9.3 Toolbox Führung von Mitarbeitern – problemfokussiertes Coping 143
9.3.1 Kommunikationsplan Aufgabe 1: Stakeholder analysieren 147
9.3.2 Kommunikationsplan Aufgabe 2:
Führungs- und Kommunikationsprozess planen 150
9.3.3 Kommunikationsplan Aufgabe 3: Eine sinnhafte
Geschichte und glaubhafte Botschaften entwickeln 155
9.3.4 Kommunikationsplan Aufgabe 4: Führungs- und
Kommunikationsprozess mit Aktionsplan abstimmen . . 157
9.3.5 Kommunikationsplan Aufgabe 5: Einzelne Führungs-
und Kommunikationsmaßnahmen planen 160
9.4 Toolbox Führen von Mitarbeitern – emotionsfokussiertes Coping 162
9.4.1 Coachingmethode GROW 162
9.4.2 Jammerstunde 167
9.4.3 Ad hoc Information 171
9.4.4 Weitere Coaching Tools zur Verbesserung
der Selbstführungskompetenz Ihrer Mitarbeiter 173
Literatur 175

10 Kooperation mit der Umwelt 177

Die Autoren 181

Einleitung

1

Die Idee zu diesem Buch entstand in der aktuellen Finanz- und Wirtschaftskrise. Für uns als Berater und Führungskräfteentwickler war die Krise ein Geschenk – so absurd sich das zunächst anhören mag. Dies hat vor allem mit unserem Beruf zu tun. Die Krise bescherte uns mit einem Schlag jede Menge Kunden mit schwierigen und ernsthaften Anliegen.

Plötzlich war die Geschäftswelt anders und damit die Führungsherausforderungen für Manager.

Aus Sicherheit des eigenen Führungshandelns wurde plötzlich fehlende Orientierung. Aus Leistungsträgern, die vor Kraft und Zuversicht strotzten, wurden Führungskräfte, die Zweifel an Ihrer eigenen Motivation hatten und geschwächt waren – ganz offensichtlich. Aus Managern, die nur Herausforderungen kannten, meistens Lösungen fanden und (fast) immer Antworten hatten, wurden Menschen, die viele Fragen hatten und gerne Antworten bekommen hätten. Wo es (anscheinend) vorher solide Geschäftsmodelle und Strategien gab, waren jetzt viele Fragezeichen. Die Dinge waren heftig ins Wanken gekommen. Es brauchte Reflexion und Lösungen.

An sich kein unlösbares Problem für die meisten Manager, wenn man genügend Zeit hat. Aber wenn man die Lösung sozusagen über Nacht braucht, in vielen Fällen sogar grundsätzlich neue Lösungen, wenn die Irritation so groß ist, sieht auch die Welt der Manager, auch der sehr erfahrenen, anders aus. Es gibt kein normales Tagesgeschäft mehr, die ganze Strategiearbeit, die man gemacht hat, scheint gegenstandslos, selbst radikale Change Manager und Restrukturierer kamen ins Zweifeln.

Viele Anfragen, die wir erhielten, kamen aus dem mittleren Management. Meistens (noch) nicht involviert in die Überlegungen des Top Managements, das wahrscheinlich selber noch auf der Suche war. Die Manager waren damit konfrontiert, für sich selber Lösungen zu finden und gleichzeitig dem Druck ausgesetzt, der eigenen Mannschaft Antworten auf Fragen zu geben, wo Sie selber auch nur Fragen hatten. Sicherheit zu geben, wo selber Unsicherheit war. Hohe Energie für die Geführten zu geben, wo selber Energie fehlte oder durch die Krise entzogen wurde.

F. Saur und H. Ellebracht, *Führen in schwierigen Zeiten*,
DOI 10.1007/978-3-8349-3693-6_1, © Springer Fachmedien Wiesbaden 2014

Die Krise ist vielleicht schon bald überwunden, obwohl es auch Anzeichen gibt, dass sie in der einen oder anderen Form und Problemstellung weiter fortbestehen könnte, je nach Branche, Organisation, Region, Land, Markt etc.

Warum jetzt also ein Buch über Führen in der Krise? Wollen wir Geschichte schreiben? Das ist nicht unser Anliegen. Im Gegenteil: Wir wollen praktisches Führungswissen und -können für die aktuelle und zukünftige Welt der Führung bieten.

Denn mit Krisen und schwierigen Situationen könnte es sich auf (un-)absehbare Zeit – wir wissen es auch nicht genau – wie mit französischen Königen verhalten: Die Krise ist tot, es lebe die (nächste) Krise. Wir glauben, dass es immer wieder Krisen und schwierige, krisenähnliche Situationen geben wird. Vielleicht sind sie nicht so umfassend und global wie die aktuelle, allerdings könnten sie (noch) häufiger als in der Vergangenheit auftreten. Was in der Konsequenz dazu führen kann und in vielen Fällen bereits dazu führt, dass Führungskräfte mehr als nur einmal in ihrer Karriere vor der Herausforderung stehen, in der Krise zu führen.

Wir vertreten weiterhin die Ansicht, dass Krisen essenzieller Bestandteil der entstandenen und weiter entstehenden Komplexität von Gesellschaft und Wirtschaft, in der wir leben, sind. Und da Komplexität weiter zunimmt, – so ist unsere These – kann es durchaus sein, dass auch Krisen zunehmen; sowohl in Häufigkeit als auch in zeitlicher Abfolge und Intensität. Dies wird für mehr und mehr Menschen und Organisationen immer häufiger und intensiver erlebbar. Waren es früher Einzelfälle oder waren die Zeitabstände zwischen einzelnen Krisen größer, so werden sie zunehmend zu einem häufigen und weit verbreiteten Tatbestand.

Zudem weisen Komplexität und Krise viele Ähnlichkeiten auf: Dynamik, Unvorhersehbarkeit, Überraschung, Unkontrollierbarkeit, Gefühl von Unsicherheit, begrenzte Planbarkeit, stärkere Emotionalität, höheres Niveau von Energie, Gleichzeitigkeit von Prozessen … Im Übrigen sind dies auch Merkmale, die Change Prozesse aufweisen. Die letzte Global CEO Studie von IBM kommt zur Aussage, dass nach mehr als zwei Dekaden des Change Managements für (Top-)Führungskräfte jetzt die Herausforderung der Komplexität als größte Herausforderung gesehen wird. Wir möchten diese Aussage aus unserer erlebten Praxis unterstützen und ergänzen. Wachsende Komplexität ist mit immer häufigeren und intensiveren Change- und Krisenprozessen verbunden. Sie bedingen sich wechselseitig und sind Ursache und Wirkung zugleich. Die Herausforderung des Change Managements war nur ein erstes Anzeichen der wachsenden Komplexität und der damit einhergehenden (Veränderungs-)Dynamik, die jetzt wahrscheinlich zur Normalität wird – eine wahrlich komplexe Geschäftswelt.

Dies ist vielleicht nichts Neues. Neuer ist vielleicht, dass dies keine Randbedingung mehr neben der traditionellen und angewandten BWL und Managementlehre und -praxis ist, sondern wahrscheinlich jetzt der Kern der Herausforderungen und damit auch eine Kernkompetenz für das Management selbst wird. Die aktuelle Krise hat das wahrscheinlich bisher nur am deutlichsten aufgezeigt. Kostenmanagement zu machen, seine Zahlen zu kennen und im Griff zu haben, Restrukturierung und Strategie zu beherrschen sind nach wie vor sehr wichtig. Diese Interventionen gelingen aber nur mit einem Verständnis von Krise und Komplexität, das über die traditionelle Sichtweise hinausgeht. Ein Verständnis dafür, dass keine einfache Lösung mehr möglich ist, sondern dass es vielfältiger und abgestimmter Managementinterventionen braucht, um Krise, Komplexität und Change zu bewältigen. Führung, die die passenden Führungskonzepte und -instrumente für das Führen in Krisen einsetzt und sich selber gut führt, ist in diesem Kontext wichtiger denn je. Vor allem ein Verständnis davon, wie produktive (organisationale) Energie in Krisensituationen entstehen kann. Diese Faktoren sind zentrale Bedingungen, um das komplexe Geschehen einer Krise besser steuern zu können.

Wir sind davon überzeugt, dass die meisten dieser Konzepte und Werkzeuge nicht nur in der Krise wirken, sondern dass sie auch passend für die Führung von Komplexität sind – weil unserer Ansicht nach Komplexität und Krise zusammenhängen.

Insofern gehört dieses Wissen und Können – jetzt und heute – zur Grundausrüstung jeder Führung, sollte jederzeit abrufbar sein und nicht nur im Notfall zusätzlich in das Repertoire aufgenommen werden. So bleibt die Führungskraft jederzeit handlungsfähig, da der Notfall sozusagen in der neuen Welt der Komplexität zumindest ein Stück weit der Normalfall geworden ist.

Je mehr es uns gelingt, dies als Normalität im Führungsalltag zu akzeptieren, einzubringen und darin handlungsfähig zu sein, desto weniger schockierend ist das Erlebnis einer Krise und nicht überschaubarer Komplexität. Ganz sicher kann man dann auch gelassen durch Krise, Komplexität und Change führen, aus unserer Erfahrung eine Kompetenz, die sehr hilfreich in diesen Situationen ist.

Die Realität sieht leider noch anders aus. Führungskräfte werden meistens in der Krise selbst an ihre Grenzen gebracht. Sich selber gut zu kennen oder sich kennen zu lernen ist aus unserer Sicht die grundlegende und eine entscheidende, wenn nicht gar die entscheidende Kompetenz, um in dieser Welt zu navigieren. Dies braucht daher viel und wiederholende Reflexion und Übung – gerade in und für extreme Situationen. Den Boden nüchtern und wachsam unter den Füßen zu spüren, ihn nicht zu verlieren und ihn halten zu können, hilft sehr, um in der Dynamik von Komplexität, Krise und Veränderung bestehen zu können. Eine im wahrsten Sinne des Wortes Selbst-Bewusste Führungs-Kraft hat dort viele Vorteile.

Die meisten Programme und Maßnahmen der Führungskräfteentwicklung gehen häufig immer noch von einer „Normalsituation" aus, in der das Geschäft durch pro-aktive und positive Entwicklungsperspektiven gestaltet werden kann. Für „böse" und „heftige" Überraschungen, Krisen und schwierige Situationen werden Führungskräfte – wenn überhaupt – nur rudimentär vorbereitet und ausgebildet. Der Ernstfall findet meistens nicht statt. Meistens nur schönes Wetter, ab und zu etwas bewölkt mit leichten Winden und etwas Schauern. Außerdem scheint in vielen Programmen immer noch der Glaube vorzuherrschen, dass die Zukunft planbar und die Gegenwart beherrschbar wäre. Dass dies nur begrenzt der Fall ist, wird nicht immer betrachtet. Und das für das Führungshandeln in der Komplexität gültige Paradox – komplexe Systeme sind grundsätzlich nicht beherrsch- und planbar, aber ohne Planung und Steuerung geht's auch nicht – scheint noch nicht häufig genug Gegenstand der Führungsausbildung zu sein.

Insofern soll das Buch einen Beitrag zu dieser Qualifizierung bieten, durch praktisch erprobtes Wissen und Handwerkszeug. Das Buch ist als kleines „Kochbuch" für Praktiker gedacht. Eine Instrumentenkiste in erster Linie für Führungskräfte, zur Anwendung im Führungsalltag, um schnell ein Werkzeug in der Hand zu haben, um im Dickicht von Krise und komplexen Situationen einen (oder auch mehrere) Schritte vorwärts zu machen.

Das Buch bietet Beispiele wirkungsvoller Führungsinstrumente in schwierigen, überraschenden und unübersichtlichen Situationen und Krisen. Diese zeigen orientierend und unterstützend Handlungsoptionen für Führung in der Krise/komplexen Situation auf, bieten Lösungen, die Führungssituation lenkbarer zu machen und Wege aus der Krise bzw. der schwierigen Situation zu finden. Die Instrumente, die angeboten werden, sind fundiert und in der Praxis erfolgreich erprobt. Dennoch bieten sie keine Gebrauchsanweisung, die auf Knopfdruck immer genau so wie beschrieben funktioniert. Der Kontext und die beteiligten Personen spielen in diesem Zusammenhang eine nicht zu unterschätzende Rolle. Keine Situation ist gleich. Das ist Komplexität.

Die Tools sind einzeln und/oder als gesamtes Führungskonzept nutzbar. Auch Beratern, Coaches und Trainern bieten sie Ideen für Konzeptionen, Interventionen und Übungen mit Führungskräften in ihren jeweiligen professionellen Trainings-/ Coachings- oder Beratungssituationen.

In der Praxis bietet es sich an, bei einer Herausforderung das Buch zu nehmen, durchzublättern und nach passenden Interventionen zu suchen. Einfacher geht das natürlich, wenn man schon mal in Ruhe das ganze Buch gelesen hat. Dann wird man die passenden Tools schneller finden.

Das Buch ist ein Beitrag zur Führung und Selbstführung in der Krise und in schwierigen Situationen. Es deckt nicht die Aspekte der Betriebswirtschaftslehre ab, die genauso wichtig für die erfolgreiche Krisenbewältigung sind. Aus unserer Sicht hat es sich bewährt, wenn alle Aspekte gleichzeitig und aufeinander abgestimmt eingesetzt werden. Damit wird der größte Effekt erzielt. Entsprechend hilft sicher auch der Blick in die passende Literatur zu den anderen Themen.

Wir wünschen viel Erfolg und Glück in der Anwendung.

Literatur

IBM (2010) Unternehmensführung in einer komplexen Welt. Global CEO Study. Zugegriffen 2011

Teil I
Krise und Komplexität

In diesem Buch soll es um Führungskonzepte und praktische Handwerkzeuge des Führens in der Krise und in komplexen Situationen gehen. Bevor wir uns diesen Konzepten und Tools zuwenden, wollen wir uns kurz als Basis für diese Konzepte und Tools generell mit den Themen Krise und Komplexität beschäftigen.

Im ersten Schritt werden wir Merkmale von Krisen und Komplexität beschreiben und aufzeigen, wie beide ähnlichen Ordnungsprinzipien unterliegen und wie Krise und Komplexität zusammenhängen und miteinander verbunden sind.

Im zweiten Schritt beschreiben wir, welche Wirkungen Komplexität und Krise auf Organisationen und Menschen haben und wie beide dann damit umgehen. Dies schafft uns die Grundlage, um besser zeigen und begründen zu können, welche Führungskonzepte und -tools in solchen Situationen hilfreich und wirkungsvoll sind – neben unseren eigenen praktischen Erfahrungen und Beobachtungen, die wir in der Beratung, Coaching und Training von Führungskräften in der Praxis machen durften.

Krisenverständnis

2

Im alltäglichen Gebrauch wird unter Krise ein einschneidender Moment verstanden, der den Verlauf der Dinge grundsätzlich verändert. Im Griechischen bedeutet das Wort „krisis" diesem alltäglichen Verständnis entsprechend Wendepunkt. Der chinesische Begriff für Krise „wei-ji" setzt sich interessanterweise aus zwei Schriftzeichen zusammen: Den Schriftzeichen für Gefahr und gute Gelegenheit (Chance). Beide Begriffsbestandteile beinhalten den Aspekt der Zuspitzung einer Entwicklung hin zu einem Wendepunkt, der eine drastische Veränderung und eine grundlegende Entscheidung notwendig macht, um den meist als plötzlich und existenziell wahrgenommenen Herausforderungen begegnen zu können. Das Kompositum aus den beiden Schriftzeichen fügt dem Begriff Krise noch eine weitere Bedeutung hinzu: Eine Krise ist immer mit Gefahren des Scheiterns, aber auch mit neuen Chancen verbunden. Dies gilt sowohl für den Fall des Handelns als auch des Nichthandelns. Krisenartige Situationen sind außerdem immer durch ein hohes Maß von Unsicherheit und Unbestimmtheit gekennzeichnet. Ihre Dimensionen und die Konsequenzen möglichen Handelns/Nicht-Handelns sind meist nur schwer und unvollständig erkennbar.

Ellebracht et al. (2011, S. 251 ff.) vertreten die Auffassung, dass krisenhafte Situationen als gestörte Innen- bzw. Außenbeziehungen erlebt werden (siehe Abb. 2.1). Bewährte Strategien und Mechanismen reichen nicht mehr aus, um die Herausforderungen und Aufgaben zu bewältigen. Alte Handlungs- und Entscheidungsmuster müssen zugunsten neuer Bewältigungsstrategien aufgegeben werden.

Es wird deutlich, dass die Lösung einer Krise eine grundsätzliche Umorientierung erfordert. In krisenartigen Situationen hilft ein lautes „Weiter-so" nicht mehr. Die Entwicklung des Systems verlangt eine Entscheidung zu neuen Wegen. Das schließt ein „Fire-Fighting" als ersten Schritt nicht aus, um den schlimmsten Auswirkungen einer Krise schnell zu begegnen und ggf. ein Überleben kurzfristig zu sichern. Die ersten Maßnahmen sind daher häufig Notmaßnahmen.

F. Saur und H. Ellebracht, *Führen in schwierigen Zeiten*,
DOI 10.1007/978-3-8349-3693-6_2, © Springer Fachmedien Wiesbaden 2014

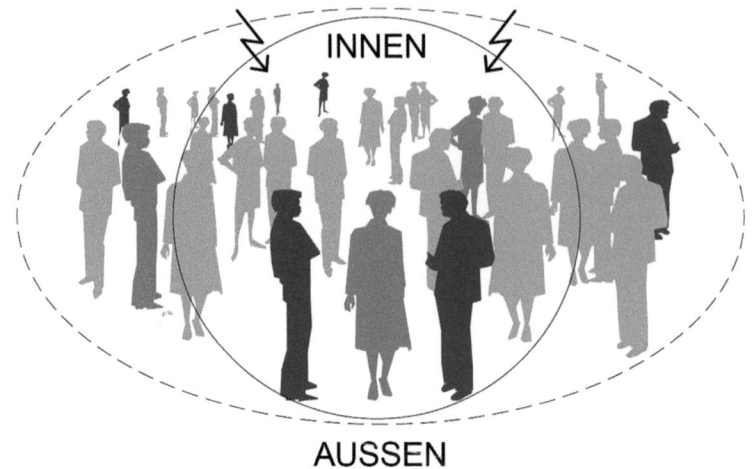

- Gestörte Innen-/Außenbeziehung (z. B. zwischen Unternehmen und
  Kunden oder zwischen Team und Bereich).
- Bewährte Anpassungsmechanismen reichen nicht mehr aus.
- Neue Bewältigungsstrategien mit entsprechender innerer Umstrukturierung
  sind gefordert.

Abb. 2.1 Merkmale von Krisen

Häufigste Notmaßnahme in Organisationen ist die Senkung von nicht unbedingt notwendigen Kosten. Dazu werden z. B. Reisen auf das Notwendigste reduziert, Materialkosten gekürzt, die variable Vergütung verringert, befristete Arbeits-
verhältnisse nicht verlängert usw.

In der Regel reichen diese oder ähnliche Fire-Fight-/Notmaßnahmen, unabhängig davon, wie drastisch sie sind, allein jedoch nicht aus. Eine wirklich tief greifende
Krise wird dazu zwingen, grundsätzlichere Veränderungen anzustoßen. Wenn beispielsweise die Erträge trotz eingeleiteter Notmaßnahmen weiterhin auf einem (zu)
niedrigen Niveau bleiben, kann das für die Organisation ein Hinweis sein, dass sie
eine neue Strategie, ein neues Geschäftsmodell und/oder einen neuen Organisa-
tionszweck braucht, um sich ihren Platz im Markt bzw. der Gesellschaft auch in
Zukunft zu sichern.

Grundsätzlichere Veränderungen betreffen meist auch die Menschen in Organisationen. So können Restrukturierungen z. B. direkte Auswirkungen haben auf
die Arbeitsweisen und das persönliche Arbeitsumfeld bis hin zu Arbeitsplatzverlust und Neuorientierung. Organisationale Veränderungen reichen dann bis auf die

Ebene einzelner Individuen, die ihr Verhalten, ggf. sogar ihr Leben an die neue Situation anpassen müssen.

> **Merke** Krise bedeutet die Notwendigkeit eines Musterwechsels mit einer meist tiefer greifenden Veränderung.

2.1 Krisen – Gesellschaftlicher und historischer Kontext

Menschen und Organisationen verhalten sich gegenüber Veränderungen in der Regel zurückhaltend und skeptisch. Dies gilt vor allem dann, wenn Veränderungen nicht selbst geplant und initiiert wurden, sondern wie im Falle einer Krise ungeplant und überraschend auftreten.

Dabei gehören Krisen seit jeher zur Geschichte der Menschheit dazu. In der Vergangenheit stellten sie allerding eher den Ausnahmefall dar. Dies könnte ein Grund dafür sein, weshalb die meisten Führungskräfte eher ungeübt und nur selten geschult sind in der Führung von Krisen und/oder besonders komplexen Situationen.

Wir sind der Überzeugung, dass Krisen zukünftig in ihrer Dynamik immer „extremer" und so oft auftreten werden, dass Führungskräfte damit häufiger konfrontiert sein werden. Krisen und positive wirtschaftliche und gesellschaftliche Entwicklung wechseln sich bereits heute in immer kürzeren Rhythmen ab und verlaufen zum Teil parallel. Für Führung bedeutet dies in der Konsequenz: Das Führen in Krisen und Komplexität muss zur Standardkompetenz gehören. Denn die Wahrscheinlichkeit, dass Führungskräfte in Krisen führen müssen, ggf. sogar mehrmals in ihrer Führungskarriere, ist deutlich gestiegen.

2.1.1 Traditionelle Gesellschaften und Antike

Krisen hängen, wie u. a. Baecker gezeigt hat (Baecker 2011), vom historischen Entwicklungsstand und vom Kontext der Gesellschaften ab. Sie sind damit auch kulturell geprägt.

In traditionellen Stammesgesellschaften entfalteten sich Krisen in der Regel rund um Naturgeschehen, etwa im Übergang von einer Sommergesellschaft in die Wintergesellschaft oder durch Naturkatastrophen/klimatische Einflüsse wie z. B. das Ausbleiben von Regenzeiten. Sie sind Wendepunkte für Menschen und Gesellschaften, denen diese durch entsprechende Änderung ihrer Lebensweisen, in anderen Kontexten sprechen wir von Musterwechsel, begegnen.

In der Antike werden Krisen als Konsequenz und Höhepunkt eines schicksalhaften Verlaufs von persönlichen und gesellschaftlichen Entwicklungen gesehen, die von den Göttern beeinflusst werden. In der Folge ist es in der „krisis" auch der Held, der eine mutige Entscheidung treffen muss. Diese Auffassung von Krise entspricht der in den chinesischen und griechischen Begriffen für Krise als einem Wendepunkt, in dem Gefahr und Chance zusammentreffen (Baecker 2011, S. 30 f).

Der gesellschaftliche und historische Kontext von Krise hat Einfluss auf das Führungsverständnis und -verhalten:

Führung in traditionellen Gesellschaften bedeutete, einen kompetenten Umgang und eine Anpassung an die Prozesse der Natur zu entwickeln. Führung war u. a. durch Rituale und enge emotionale Verbundenheit mit der Natur geprägt.

In der Antike dagegen war eher der Held gefragt. Eine starke Persönlichkeit, die nicht mehr in Abhängigkeit von der Natur, sondern durch konsequente individuelle Entscheidungen und persönliche Stärke führt. Der Held hat Entscheidungen zu treffen, deren schicksalhaften Verlauf er dann nur noch begrenzt beeinflussen kann. Die Entscheidung führt entweder zum Erfolg oder zum Scheitern. Von Helden wird erwartet, dass sie diese individuelle Stärke zeigen. Man könnte manchmal den Eindruck gewinnen, dass dieses Führungsverständnis auch heute noch verbreitet ist: Führung als Individualleistung einer starken charismatischen Persönlichkeit.

2.1.2 Krisenverständnis in modernen Gesellschaften

In modernen Gesellschaften wird Krise verstanden als Ausnahme vom Normalfall – sowohl auf individueller als auch gesellschaftlicher und wirtschaftlicher Ebene. Krise ist in diesem Verständnis eine Störung des Gleichgewichts, ein Ungleichgewicht. Insbesondere die klassische ökonomische Theorie geht davon aus, dass es Gleichgewichte auf Arbeits-, Güter- und Kapitalmärkten gibt und Ungleichgewichte in diesen Systemen Krisen darstellen.

Für die wirtschaftspolitische Führung im makroökonomischen Sinne bedeutete dieses Krisenverständnis im 19. und 20. Jahrhundert in erster Linie, freies Unternehmertum wirken zu lassen und ggf. Spielräume zu schaffen, um die Märkte wieder in ein Gleichgewicht zu bewegen. Gleichzeitig – und im Gegensatz dazu – ging man in Unternehmen und Organisationen aber davon aus, dass alles oder vieles planbar sei. Unternehmensführung im mikroökonomischen Sinne bestand aus Analyse, möglichst genauer Vorausschau und Planung (strategische Planung), genauer Umsetzung in der Organisation (klassisches Projektmanagement) und genau geplante und umgesetzte Produktionsweisen (Taylorismus/Fordismus). Krise konnte in diesem Verständnis schon die Abweichung von der Planung sein.

Im Verlauf des 20. und Anfang des 21. Jahrhunderts zeigte sich jedoch, dass die Realität anders aussieht. Märkte bewegen sich nicht immer automatisch in ein neues Gleichgewicht, eine neue Stabilität. Planungen in Organisationen scheitern in zunehmendem Maße. Selbst die beste strategische Planung und Organisation sieht sich plötzlich unvorhergesehenen und daher ungeplanten Ereignissen gegenüber. Die Märkte und die Organisationen werden unübersichtlicher und die Dynamik zunehmend größer. Entscheidungen werden getroffen und Interventionen getätigt, die nicht immer wirken und häufig die Situation verschlechtern.

Dies führte moderne Gesellschaften, Individuen und die Führung aufgrund des noch vorherrschenden rationalen Weltbildes zu einer Zwickmühle. Baecker beschreibt dies so:

„In der modernen Gesellschaft muss man sowohl den Krisenzustand als auch den möglichen Ausweg aus der Krise eigenen Entscheidungen, eigenen Verantwortungen zurechnen, deren Reichweite zugleich kaum noch überblickt wird. […] Ohne unsere eigene Fehlentscheidung gäbe es die Krise nicht. Zugleich jedoch verweisen wir auf eine Dynamik im Zeitablauf, eine Komplexität in der Sache und eine Diversität in der sozialen Einschätzung, die unseren Verständnishorizont allesamt überschreiten, obwohl sie eine Welt beschreiben, in der wir die wichtigsten, wenn nicht die einzigen Akteure sind." (Baecker 2011, S. 32)

2.1.3 Krisenverständnis in der aktuellen Gesellschaft

Diese Entwicklung hat sich weiter verfestigt. In unserer Welt haben Dynamik und insbesondere Komplexität erheblich zugenommen. Baecker (2011, S. 41 f.) führt dies u. a. auch auf die Einführung von Elektrizität und Computern zurück. Tatsächlich steigert sich die Kommunikationsdichte und -geschwindigkeit dadurch um ein Vielfaches. Interaktionsmöglichkeiten, Dynamik, aber auch die Möglichkeit von chaotischen Verläufen erhöhen sich um bisher ungekannte Dimensionen. Gleichgewichte sind kaum noch möglich. Eher gilt es, kumulative Verläufe (welche die Monetär-Keynesianer übrigens bereits in den 80er-Jahren als zunehmend wichtig für Wirtschaftstheorie und -politik erkannten (Riese 1986)) zu lenken, um die Komplexität und komplexen Systeme nach Möglichkeit aufrecht zu erhalten und vor dem krisenartigen Zusammenbrechen zu bewahren. Gleichzeitig ist dies nicht immer möglich, da es zu den Merkmalen komplexer Systeme gehört – Märkte und Organisationen inklusive –, unvorhersehbar zu sein. Überraschungen und Krisen sind damit vorprogrammiert.

In der aktuellen Gesellschaft sind Krisen logische Konsequenzen und Teil der Entwicklung immer komplexer werdender sozialer, wirtschaftlicher und ökologischer Systeme. Krisen sind dann

… keine Störungen von Gleichgewichten mehr, sondern Zusammenbrüche von Komplexitäten. […] Die Krisen des 20. Jahrhunderts und des beginnenden 21. Jahrhunderts sind Zusammenbrüche von Extrementwicklungen, aus denen es nur auszusteigen gelingt, wenn wir gleichzeitig in andere Extrementwicklungen einsteigen (Baecker 2011, S. 42).

Anders ausgedrückt: Eine (positive) kumulative Bewegung folgt der nächsten, wenn sie gut geführt und gelenkt wird. Komplexität baut sich dynamisch weiter auf. Misslingt die Lenkung, folgt die nächste Extrementwicklung in Form einer Krise und des Zusammenbruchs von Komplexität.

In der Konsequenz geht es also darum, Komplexität und deren kumulative Verläufe und Dynamiken möglichst gut zu beeinflussen und zu lenken sowie den anderen Extremfall – die Krise – immer auch schon im Blick zu haben und diese dann möglichst gut zu bewältigen. Eine Beherrschung im Sinne von Kontrolle sowohl von Komplexität als auch von Krise erscheint nicht mehr möglich. Insofern braucht es das Wissen darum, wie diese neue Welt funktioniert und wie ein bestmöglicher Umgang hiermit möglich wird.

Anders gesagt braucht unsere Zeit ein Verständnis, wie diese Extrementwicklungen in Form von Komplexitäten funktionieren und für Führungskräfte ist insbesondere interessant, die Funktionsweisen von Komplexität in Organisationen, wirtschaftlichen und sozialen Systemen zu kennen.

Merke
Eine Krise

- zwingt zu einer elementaren Entscheidung.
- ist ein Wendepunkt.
- ist eine Störung des Gleichgewichts.
- ist durch Unübersichtlichkeit der Situation geprägt.
- führt dazu, dass Entscheidungen getroffen werden müssen, deren Auswirkungen man nicht (genau) kennt.
- ist ein Signal, dass wir nicht mehr weiter wissen.
- ist ein Moment, in dem man merkt, dass man plötzlich keinen Einfluss mehr hat.
- ist ein Zusammenbruch von Komplexitäten.
- ist ein Spezialfall der Komplexität.
- zwingt zu einer grundlegenden Änderung der Verhaltensmuster des Systems.
- ist durch extreme Unsicherheit und Unbestimmtheit geprägt.

Literatur

Baecker D (2011) Wie in einer Krise die Gesellschaft funktioniert. Revue für postheroisches Management 7:30–43

Ellebracht H, Lenz G, Osterhold G, Schäfer H (2011) Systemische Organisations- und Unternehmensberatung, 4. überarbeitete und erweiterte Aufl. Gabler, Wiesbaden

Riese H (1986) Theorie der Inflation. Mohr, Tübingen

Komplexitätsverständnis

3

3.1 Merkmale von Komplexität

In der Kybernetik wird Varietät als Hauptursache von Komplexität beschrieben. Diese nimmt zu, je mehr Elemente und je mehr Interaktionsmöglichkeiten zwischen den Elementen bestehen. Ein weiterer Aspekt von Komplexität ist, dass Systeme eine enorme Vielzahl von Zuständen aufweisen können. Malik (2008, S. 168) definiert Varietät daher als „die Anzahl der unterscheidbaren Zustände eines Systems bzw. die Anzahl der unterscheidbaren Elemente einer Menge".

Dietrich Dörner und sein Team haben sich in ihren Arbeiten sehr intensiv mit den Merkmalen von unbestimmten und komplexen Systemen beschäftigt (u. a. Dörner und Schaub 1995, Dörner 2009) und kommen zu ähnlichen Ergebnissen. Sie haben folgende Merkmale für Komplexität benannt (Dörner und Schaub 1995, S. 38):

- *Neuartigkeit*
  Komplexe Situationen weisen immer auch Neues auf. Die Neuartigkeit kann auf der Ebene von Sachverhalten/Umständen liegen, aber auch auf der Ebene individuell erlebter Neuartigkeit.
- *Offenheit der Zielsituation*
  Ziele sind in komplexen Situationen meist nur vage definiert. Wie das zu erreichende Ziel genau aussehen soll, ist häufig unklar und somit Teil des Problemlösungsprozesses.
- *Polytelie*
  Komplexe Situationen sind durch viele, sich teilweise widersprechende Ziele gekennzeichnet.
- *Vielzahl der Variablen*
  In komplexen Systemen gibt es eine große Anzahl Variablen, die zwar alle wichtig sind, in begrenzter Zeit aber nicht alle betrachtet werden können.

F. Saur und H. Ellebracht, *Führen in schwierigen Zeiten*,
DOI 10.1007/978-3-8349-3693-6_3, © Springer Fachmedien Wiesbaden 2014

- *Vernetztheit*
  In komplexen Systemen sind viele Variablen miteinander verknüpft. Je mehr Variablen, desto mehr Verknüpfungen und wechselseitige Beeinflussung. Im Umgang mit komplexen Systemen haben Einzelmaßnahmen daher häufig nicht den gewünschten Effekt. Wichtig ist es, das gesamte System zu betrachten und auch Entscheidungen zu treffen, ohne alle wechselseitigen Verknüpfungen und Wirkungszusammenhänge zu kennen.
- *Intransparenz*
  Die Zusammenhänge und Probleme sind nicht vollständig erkennbar. Insbesondere unter Begrenzung von Zeit und Ressourcen aber auch anderer Faktoren können sie nicht umfassend beschrieben und analysiert werden.
- *Eigendynamik*
  Das komplexe System verändert sich auch ohne Eingriffe von außen. Es führt sozusagen ein Eigenleben. Die Eigendynamik resultiert aus der Vernetztheit der sich gegenseitig beeinflussenden Variablen.

Des Weiteren scheint es eine Eigenschaft von Komplexität zu sein, sich permanent weiter aufzubauen, zu wachsen und verschiedene (historisch) sich entwickelnde Komplexitäten zu integrieren, um damit dann eine neue Komplexität auszuformen.

Ein Beispiel: Wirtschaft war schon immer ein komplexes System. Unser heutiges Wirtschaftssystem ist allerdings deutlich komplexer als jene der Vergangenheit – basierend auf der Tatsache, dass sowohl die Zahl der Elemente (z. B. Waren, Wirtschaftssubjekte, Wirtschaftsräume) als auch die Interaktionen zwischen diesen Elementen deutlich gewachsen sind. Dies war auch dadurch möglich, dass die vorher bestehenden wirtschaftlichen Komplexitäten sich weiterentwickelten und in die neuentstehenden Komplexitäten integriert wurden. Erfahrungen wurden genutzt – teilweise geplant, teilweise durch nachträgliche Integration im Falle eines Umbruchs bzw. einer Krise. Dies schloss die Integration und Weiterentwicklung der Lenkungs- und Steuerungselemente ein, deren Varietät damit auch wuchs.

Je besser Umbruch und Krise gemeistert und integriert werden, desto besser funktionieren dann auch die bestehenden neuen Komplexitäten. Je mehr ungelöste und nicht gut integrierte Störungen, Konflikte etc. vorhanden sind, desto eher leidet die neue Komplexität unter diesen und kann sich nicht voll entfalten und weiterentwickeln.

Dies kann man auch an persönlichen individuellen Entwicklungen erkennen. Menschen entwickeln sich und lernen. Sie werden komplexer, indem sie in der Regel über mehr Erfahrungen verfügen und mit der Zeit auch ein breiteres Verhaltensrepertoire entwickeln, um sich in der Umwelt zu bewegen. Je mehr es gelingt, persönliche Veränderungen, Umbrüche und Krisen positiv zu verarbeiten und zu integrieren, um so eher gelingt es auch, sich weiterzuentwickeln. Gelingt dies nicht oder nicht so gut, werden die ungelösten Störungen und Konflikte uns einschränken und können auch zu größeren Problemen werden – bis hin zu Krankheiten körperlicher und/oder psychischer Natur.

3.2 Selbstorganisation und Chaostheorie

Zwei weitere Prinzipien komplexer Systeme sind ihre Selbstorganisation und ihre Entwicklung im Spannungsfeld zwischen Chaos und Ordnung.

Lebende, dynamische Systeme haben ein riesiges Reservoir an Verhaltensoptionen, wodurch eine hochgradige Komplexität entsteht. Die Selbstorganisationstheorie geht davon aus, dass lebende, komplexe Systeme sich selbst organisieren, um mit diesem Reservoir an Verhaltensoptionen bestmöglich umzugehen. Sie folgen dabei Prinzipien, Mustern und Ordnern, die sich im System evolutionär entwickelt haben und nach denen sich das System selbst steuert. Einflüsse von außen haben relativ geringe Wirkung, während systemimmanente Änderungen eine höhere Wirkung haben. Selbstorganisation entsteht in der Regel durch verschiedene Ordnungszustände.

Dabei durchlaufen viele untersuchte biologische und soziale Systeme beim Phasenübergang ein Stadium von Chaos (Ellebracht et al. 2011, S. 27 ff.). Auf den ersten Blick ungeordnete Prozesse und Strukturen erweisen sich bei genauerem Hinsehen als sehr komplexe und empfindliche Ordnungen. Man bezeichnet diese Zustände auch als deterministisches Chaos: Chaos mit gesetzmäßig entstehenden Bereichen von Ordnung und Struktur. Soziale Systeme sind in diesem Sinne auch deterministisch-chaotisch. Umgekehrt zeigt sich für andere Phänomene und Strukturen, dass anscheinend wohlgeordnetes Verhalten unter bestimmten Bedingungen völlig chaotisch sein kann. Der Verlust von chaotischer Beschaffenheit eines Systems bedeutet jedoch nicht Gesundheit, sondern den Beginn einer Erkrankung oder den Tod des Organismus. So hat sich beispielsweise gezeigt, dass überregulierte Wirtschaftsformen und Organisationen dazu neigen, ernsthafte Probleme zu entwickeln und ohne Belebung – und damit Chaos – kollabieren.

Die Chaostheorie verhilft uns zu einem besseren Verständnis dafür, was sich in komplexen Systemen ereignen kann. Sie lehrt uns, wie komplexe Ordnungen zusammenbrechen können, zu äußerst dynamischen Systemen werden, ins Chaos fallen und ggf. wieder zu einem komplexen Ordnungszustand zurückkehren. Verläufe also, die gerade bei Krisen als typisch erscheinen. Die Chaostheorie zeigt uns auch, wie Ordnungen durch deterministisches Chaos geprägt sind und noch so klei-

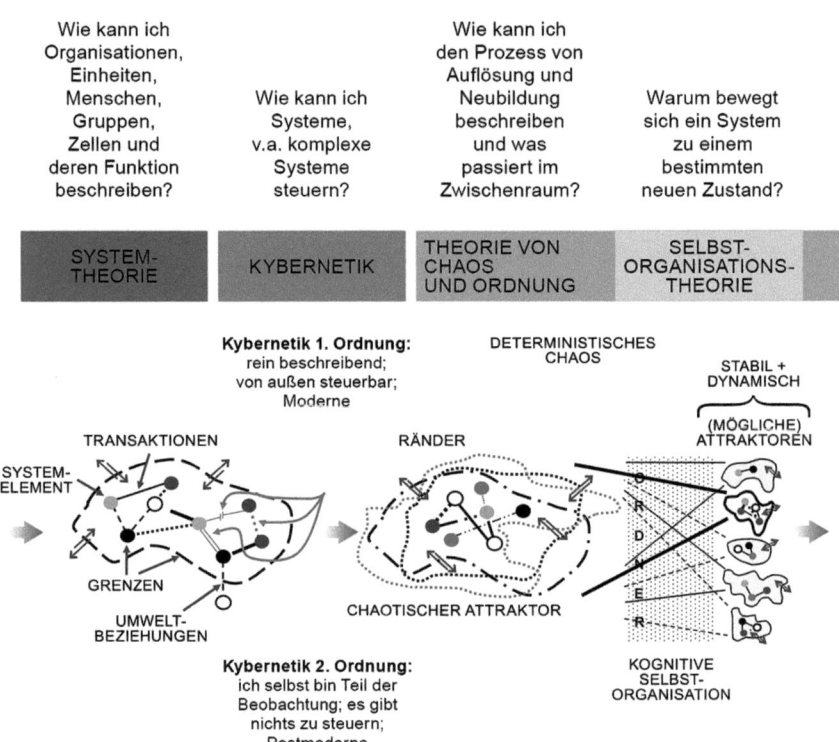

Abb. 3.1 Chaos und Ordnung

ne Bewegungen an den Rändern große Wirkungen erzeugen und ein System völlig aus dem Gleichgewicht bringen können (siehe Abb. 3.1).

Vielfalt, verteilte Intelligenz und intelligente Entscheidungsprozesse sind daher eine angemessene und fast schon natürliche Reaktion, um komplexe Systeme aufrechtzuerhalten. Dies entspricht auch Ashbys Gesetz (genannt nach Ross William Ashby, einem der führenden Pioniere der Kybernetik), das besagt: Je komplexer eine Situation, umso komplexer auch die Verhaltensregeln, um die Situation zu lenken. „Nur Varietät kann Varietät absorbieren" (Malik (in Anlehnung an Ashby) 2008, S. 173) Netzwerke spielen bei der Lösung eine große Rolle. So weiß man heute, dass die Funktionsfähigkeit des menschlichen Gehirns und des Körpers erst durch die Interaktion zwischen neuronalen Netzwerken im Gehirn und dem Körper ermöglicht wird und es dem Menschen erlaubt, in einer komplexen Umwelt zu überleben (u. a. Roth 2009; Damasio 2009).

Komplexität

- ist ein Grundprinzip lebender Systeme und Organismen.
- zeichnet sich durch Varietät und Vielfalt aus.
- ist umso höher, je mehr Interaktionsmöglichkeiten und Elemente bestehen.
- zeichnet sich durch vielfältige Interaktionen und Elemente aus.
- ist nicht berechenbar.
- zeichnet sich durch hohe Unsicherheit und Unbestimmtheit aus.
- organisiert sich durch Selbstorganisation.
- ordnet sich zwischen Chaos und Ordnung.
- kann gelenkt werden durch Vielfalt, verteilte Intelligenz und intelligente, vernetzte Entscheidungsprozesse.

Literatur

Damasio AR (2009) Ich fühle, also bin ich. List, Berlin

Dörner D (2009) Logik des Misslingens. Rowohlt, Reinbek

Dörner D, Schaub H (1995) Handeln in Unbestimmtheit und Komplexität. Organisationsentwicklung 3(95):34–47

Ellebracht H, Lenz G, Osterhold G, Schäfer H (2011) Systemische Organisations- und Unternehmensberatung, 4. überarbeitete und erweiterte Aufl. Gabler, Wiesbaden

Malik F (2008) Strategie des Managements komplexer Systeme. Haupt, Bern, Stuttgart, Wien

Roth G (2009) Persönlichkeit, Entscheidung und Verhalten. Klett-Cotta, Stuttgart

Krise und Komplexität – zwei Seiten einer Medaille

4

Komplexität und Krise sind damit zwei Seiten derselben Medaille. Sie sind durch Unbestimmtheit und Unvorhersehbarkeit gekennzeichnet. Der Unterschied liegt vor allem im jeweiligen Maß an Unvorhersehbarkeit und den daraus resultierenden Zeit- und Planungshorizonten, der emotionalen Belastung und dem Druck. Krise ist damit ein Spezialfall von Komplexität. Sie ist insbesondere gekennzeichnet durch die Verschärfung der Faktoren Eigendynamik, Intransparenz und noch weniger Zeit für die Problemlösung, bei gleichzeitig hohem Entscheidungsdruck. Die Eigendynamik der Situation und des Systems zwingen dazu, etwas zu tun, ohne dass die Wirkung und die Konsequenz genau bekannt sind.

Komplexe Situationen weisen im Gegensatz zu krisenartigen Situationen einen etwas größeren Gestaltungsspielraum auf. Die handelnden Subjekte können noch Richtungen und Tendenzen erkennen (auch wenn diese niemals sicher sind) und entsprechend versuchen, Entwicklungen zu beeinflussen. In der Wirtschaft werden dazu z. B. Strategie- und Planungsmodelle genutzt. Sie dienen als Denkmodelle zur Abbildung von Komplexität, auch wenn sie eine Planung oder Berechnung der Zukunft niemals leisten können. Meist kommen diese Modelle in eher noch ruhigeren Phasen zum Einsatz, solange die Turbulenzen noch nicht zu groß sind.

In Krisen und insbesondere zu Beginn einer Krise, nehmen die Extrementwicklungen hingegen derart zu, dass sowohl der Handlungsdruck als enorm empfunden wird, als auch fast keine Vorhersagen mehr über die Zukunft möglich erscheinen. Manager sprechen dann häufig davon, „auf Sicht (im Nebel) zu fahren". Die „planbaren" Zeithorizonte und die Taktung, in der Entscheidungen getroffen werden müssen, sind deutlich verkürzt, während die Menge der zu treffenden Entscheidungen zunimmt.

F. Saur und H. Ellebracht, *Führen in schwierigen Zeiten*,
DOI 10.1007/978-3-8349-3693-6_4, © Springer Fachmedien Wiesbaden 2014

Krise und Komplexität hängen miteinander zusammen.

- Krise und Komplexität unterliegen ähnlichen Ordnungsprinzipien:
  - Selbstorganisation,
  - Chaos und Ordnung,
  - Varietät und Vielfalt,
  - Dynamik und Lebendigkeit,
  - Intransparenz.
- Krise und Komplexität sind zwei Seiten derselben Medaille
  - Komplexität kann Krisen erzeugen.
  - Krisen sind der Zusammenbruch von Komplexitäten.
  - Krisen erzeugen die Möglichkeit der Regeneration und des Neuaufbaus von komplexen Systemen (u. a. Organisationen, Märkte, Menschen).

Krisen und Komplexität verursachen Unsicherheit, Unbestimmtheit und Unvorhersehbarkeit.

Umgang von Organisationen mit Komplexität

5

Die neuere Organisationsforschung geht davon aus, dass sich Organisationen – wie andere komplexe und offene Systeme – evolutionär entwickeln, mit dem Ziel, ihre eigene Überlebensfähigkeit zu sichern. Luhmann (Luhmann 2009) prägt in diesem Zusammenhang die Ansicht, dass Organisationen autopoietische Systeme sind. Systeme also, die sich selbst produzieren und reproduzieren. Dies geschieht aber keinesfalls durch genaue Planung oder durch eine alles wissende Führung bzw. Führungskraft. Es geschieht durch eine Vielzahl von Entscheidungen. Organisationen entwickeln selbstorganisiert Prozesse und Strukturen, um Entscheidungen zu treffen, die sie in einem sich ständig ändernden Umfeld und sich ständig verändernden internen Bedingungen handlungs- und damit überlebensfähig machen. In Organisationen versuchen die Verantwortlichen dies dadurch zu erreichen, dass so viele Führungskräfte und Mitarbeiter in Entscheidungsprozesse mit einbezogen werden, wie es sinnvoll und notwendig erscheint. So können sie ein möglichst umfangreiches Bild einer unübersichtlichen Situation gewinnen und die vorhandene Kompetenz im Unternehmen bestmöglich nutzen. Am Ende sollen Entscheidungen getroffen werden, die die Überlebensfähigkeit sichern. Sie tun dies aber auch, um Entscheidungen möglichst breit zu legitimieren und sicherzustellen, dass nicht nur einzelne Personen in der Organisation verantwortlich sind.

Baecker spricht hier von einer gelungenen Form der Organisation verteilter Intelligenz. „Verteilte Intelligenz heißt jedoch auch, dass niemand den Überblick hat, außer jenen, die dafür bezahlt werden, so zu tun, als hätten sie ihn, und es heißt, dass niemand eine Chance hat, so zu intervenieren, dass von einer Intervention das Schicksal der gesamten Organisation abhinge." (Baecker 2011, S. 34).

Diese Nutzung einer verteilten Intelligenz und die Etablierung von hoch raffinierten Entscheidungsprozessen sind für die Steuerung von komplexen Systemen sehr wichtig. Wie Malik (2008, S. 179 ff.) mit dem Bremermann'schen Limit zeigt, ist es quasi unmöglich, eine Entscheidung genau zu berechnen – selbst dann, wenn man alle notwendigen Daten und Variablen, die einer Entscheidung in einer kom-

F. Saur und H. Ellebracht, *Führen in schwierigen Zeiten*,
DOI 10.1007/978-3-8349-3693-6_5, © Springer Fachmedien Wiesbaden 2014

plexen Situation zugrunde liegen, kennen würde und man einen Supercomputer zur Berechnung hätte. Die beschriebenen Entscheidungsprozesse und das Konzept der verteilten Intelligenz sind insofern äußerst hilfreich, dass sie Vielfalt nutzen, um komplexe Systeme zu steuern.

Komplexe Situationen sind durch Unsicherheit und Unbestimmtheit gekennzeichnet. Entscheidungen, Entscheidungsprozesse sowie Nutzung verteilter Intelligenz für Entscheidungen sind von zentraler Bedeutung für die Überlebensfähigkeit von Organisationen, weil sie dadurch Unsicherheit und Unbestimmtheit aufnehmen und in Sicherheit transformieren und so operative und strategische Leistungsfähigkeit sicherstellen.

Wichtig für diese Entscheidungen ist allerdings auch, unter welchen Entscheidungsprämissen entschieden wird. Entscheidungen in Organisationen unterliegen also Regeln, die wiederum Verhaltensregeln und Entscheidungsprogramme ermöglichen. Diese bilden dann jene Ordnung und Varietät, die die selbstorganisierte Lenkung des komplexen Systems und auch die Handlungsfähigkeit der Organisation in ihrer komplexen Umwelt ermöglichen, um komplexe Probleme für Kunden und Leistungsempfänger zu lösen. Damit dies funktioniert, braucht man allerdings wiederum geeignetes Personal, Kompetenzen und vor allem Kommunikation und Kooperation, damit die selbstorganisierte Handlungs- und Veränderungsfähigkeit möglich wird. Dies bedeutet für Führung, dass nicht mehr nur die einzelne Führungskraft wichtig für die Führung ist, sondern zunehmend das Führungssystem als Ganzes zur zentralen, wichtigen Steuerungsinstanz wird. Es kommt zunehmend darauf an, dass die Führungsmannschaft die Organisation gemeinsam steuert und navigiert.

Wie wir gesehen haben, sind diese Ordnungselemente von Organisationen selbstorganisierte, autopoietische Systeme. Damit verbunden ist aber auch, dass es immer eine Weile dauert bis eine Bewegung in der äußeren Umwelt, ggf. eine Wahrnehmung, eine Reaktion und möglicherweise sogar eine Änderung in der Organisation erzeugt. Zuweilen braucht es auch mal eine heftigere Erschütterung, bis die bisherige Routine der Selbstorganisation unterbrochen wird. Indem Organisationen Änderungen in der Umwelt nicht oder nicht rechtzeitig bemerken, ihnen nicht genügend Aufmerksamkeit schenken oder der Änderungsimpuls z. B. des Markes noch nicht groß genug war, um die Routine zu durchbrechen, können Krisen entstehen. Erst der Schock der Krise stört das Innenverhältnis und führt ggf. zur heilsamen Reaktion.

In der Folge werden dann aber auch die Entscheidungsprämissen -(regeln) sowie anschließend Entscheidungsprogramme sowie Prozesse, Strukturen, Kompetenzen, Kommunikationswege geändert und meistens auch Personal ausgetauscht. Während im normalen Leistungsprozess der Komplexitätsbewältigung einer Wirtschaftsorganisation die wichtigsten Entscheidungsprämissen Rentabilität, Profitabilität, Umsatzwachstum, Marktanteil etc. sind, wird in der Krise wahrscheinlich das Ertrags-/Kostenverhältnis und bei noch gravierenderen Krisen die fundamentale Zahlungsfähigkeit zur wichtigsten Entscheidungsprämisse. Entsprechend ändern sich auch die anderen damit verbundenen Kriterien sowie das Verhalten in der Organisation. Die Organisation bewegt sich in einen chaotischen Zustand, der durch das Ausmaß der Heftigkeit der Krise gekennzeichnet ist. Dieser Zustand dauert so lange, bis sich neue Ordnungsprinzipien herausbilden und diese sich weiterentwickeln.

Literatur

Baecker D (2011) Wie in einer Krise die Gesellschaft funktioniert. Revue für postheroisches Management 7:30–43

Luhmann N (2009) Organisation und Entscheidung. Westdeutscher Verlag, Opladen, Wiesbaden

Malik F (2008) Strategie des Managements komplexer Systeme. Haupt, Bern, Stuttgart, Wien

Menschliches Verhalten in komplexen Situationen und Krisen

6

Wie verhalten wir uns als Menschen in komplexen Situationen und Krisen? Was passiert eigentlich mit uns, wenn wir mit Unbestimmtheit und Unvorhersehbarkeit konfrontiert werden, wie sie in komplexen Situationen und Krisen üblich sind?

Dieser Frage gehen wir hier etwas ausführlicher nach, da wir der Ansicht sind, dass das Wissen über diese Prozesse Führungskräften in der Selbstführung, in der Führung ihrer Mitarbeiter und in der Kooperation mit Führungskollegen in komplexen Situationen und Krisen nützt. Vielleicht sind sie sogar die Grundvoraussetzung überhaupt, um komplexe Situationen und Krisen zu bewältigen und auch die notwendigen Managementthemen und -entscheidungen zu treffen und zu bewegen.

6.1 Verhalten unter Unbestimmtheit und Unvorhersehbarkeit

Zunächst einmal ist den meisten Menschen Unbestimmtheit fast immer unangenehm. Wir streben nach Bestimmtheit. Dörner (2008, S. 352 ff) nennt dies einen Bestimmtheitstrieb. Wir streben nach einem Gleichgewichtszustand, der uns überlebens- und lebensfähig macht. Befinden wir uns in einer unbestimmten Situation, wollen wir sie wieder bestimmter machen.

Der Mensch hat wie andere biologische Systeme die Tendenz zur Homöostase, d. h. zu einer Regulierung, die das System in einem Gleichgewichtszustand hält und so die Funktions- und Überlebensfähigkeit erhält. Dies geschieht immer in bestimmten Spannbreiten. Innerhalb dieser Spannbreiten wirkt permanente Veränderung, teilweise auch in chaotischer Form, um das Überleben zu sichern. Da sich unsere Umwelt permanent verändert, ist diese Anpassung notwendig. Die Spannbreiten sind auf körperlicher, emotionaler und mentaler Ebene vorhanden – jene Ebenen, mit denen sich der Mensch im Wesentlichen selbstorganisiert steuert. Sie

F. Saur und H. Ellebracht, *Führen in schwierigen Zeiten*,
DOI 10.1007/978-3-8349-3693-6_6, © Springer Fachmedien Wiesbaden 2014

hängen eng miteinander zusammen und bilden eine Einheit, im Fachjargon als psycho-somatische Einheit bezeichnet. Je besser sich diese Ebenen aufeinander abstimmen und in „gesundem" Zustand sind, desto höher sind unsere Handlungsfähigkeit, unsere Energie und auch unser Wohlempfinden. Zum Beispiel halten wir Menschen eine relativ große Spannbreite von Temperaturen aus, um auf unserem Planeten zu leben. Werden die Temperaturen aber zu niedrig oder zu hoch, ist unser Leben gefährdet. Dasselbe Prinzip gilt für die emotionale Ebene: Menschen können Belastungen grundsätzlich mit Wut, Angst oder Trauer begegnen und je nach Situation in unterschiedlichem Ausmaß entsprechend reagieren. Wird eine Belastung aber zu hoch, versagt dieser Mechanismus mit entsprechenden Folgen.

Dörner (2008, S. 25 ff. sowie S. 301 ff.) zeigt die Wirkung von Homöostase anschaulich an einer Maschine, die dem Menschen ähnelt. Die Maschine ist mit einem Dampfkessel ausgestattet, um sich in der Umwelt zu bewegen und zu überleben. Man könnte sagen, der Kessel stellt Lebensenergie und Antrieb für die Maschine dar. Dieser Kessel muss in einem bestimmten Maße mit Wasser gefüllt sein. Wasser und Brennstoff sind die Grundnahrung, die zum physischen Überleben benötigt werden und die Energie erzeugen. Die Maschine bewegt sich in der Umwelt, um wieder Nahrung (Wasser und Brennstoff) nachzufüllen und andere Basisbedürfnisse zu decken, die sie für das Überleben benötigt. Diese sind Schutz, Reparatur, Anerkennung (von anderen Maschinen), Reproduktion und Bestimmtheit. Die Maschine ist mit einem Mechanismus ausgestattet: Werden bestimmte Bedürfnisse nicht erfüllt, leckt der Kessel und sie macht sich auf den Weg, diesen wieder zu füllen. Je lebenswichtiger das Bedürfnis ist, desto stärker leckt der Kessel. Die Maschine sucht intensiv nach Lösungen, um den Kessel wieder zu füllen.

Damit wir in einer Umwelt, die voll von Unbestimmtheit und Unvorhersehbarkeit ist, überleben können, haben wir Verhaltensmuster, die uns eben dieses Überleben ermöglichen, erlernt. Diese Verhaltensmuster werden bei erfolgreicher Wiederholung zu Verhaltensprogrammen. Verhaltensprogramme sind aufgrund der unterschiedlichen Erfahrungen und Lösungen im (Über-) Lebensprozess individuell verschieden in Abhängigkeit von den Ergebnissen, die wir in unserer Entwicklung mit dem jeweiligen Verhalten erreicht haben. So entwickeln wir uns über die Zeit immer weiter und bilden damit unsere Persönlichkeit heraus. Persönlichkeit und Verhalten sind also Ergebnis unserer erfolgreichen und weniger erfolgreichen Bemühungen, unser Überleben sicherzustellen.

In der Konsequenz bedeutet das, dass Menschen in bestimmten Situationen entsprechend ihrer bisherigen Erfahrungen reagieren. Es gibt Ängstliche und Mutige, welche, die ausdauernd sind und nicht so leicht aufgeben, andere, die dominant werden und wieder andere, die alles planen und kontrollieren wollen. Neben der Tatsache, dass bestimmte Verhaltensmuster immer wieder auftauchen, sind diese immer auch abhängig von der konkreten Situation, in der sich ein Mensch befindet. Während Einigen in bestimmten Situationen die Angst anzusehen ist, sind andere Menschen in derselben Situation gelassen – oder umgekehrt.

Neben diesen reaktiven Verhaltensweisen im Umgang mit der Umwelt gibt es aber auch aktive Verhaltensweisen. Diese sind mindestens genauso überlebenswichtig. Sie dienen der Suche nach Bedürfnisbefriedigung. Es ist sozusagen ein freiwilliges Streben nach Unbestimmtheit, ein eingebauter Forschungs- und Explorationstrieb. Dieser gibt den Antrieb, sich in der Umwelt zu bewegen und sich mit ihr ins Verhältnis zu setzen. Auch hier gilt: Je aktiver und erfolgreicher dieser Forschungs- und Explorationstrieb ausgelebt und Entwicklung vorangetrieben wird, desto stärker bildet sich ein bestimmtes Verhalten bzw. Verhaltensprogramm heraus, welches die Persönlichkeit sowie den persönlichen Umgang mit der Umwelt und Unbestimmtheit prägt.

Jeder Mensch versucht zunächst, seine Bedürfnisse, Ziele und Probleme mithilfe des gelernten Verhaltensprogramms anzupacken und zu lösen. Es werden Erwartungen und Erwartungshorizonte über die Zukunft gebildet und entsprechende Verhaltensprogramme eingesetzt, um die Zukunft zu gestalten. Diese Erwartungshorizonte können zufriedenstellend sein oder defizient (Dörner 2008, S. 362 ff.). Ein zufriedenstellender Erwartungshorizont erstreckt sich weit in die Zukunft und weist wenige alternative Entwicklungsmöglichkeiten auf, ist also gut voraussehbar. Defiziente Erwartungshorizonte haben entweder nur kurze oder viele verschiedene Erwartungshorizonte bzw. beides. Die Zukunft ist also nicht klar voraussehbar. Die Ungewissheit, was eintreten wird, ist hoch. Komplexe Situationen und insbesondere Krisen sind genau dadurch gekennzeichnet.

▶ **Wichtig**

- Wir haben bestimmtes Verhalten bzw. Verhaltensprogramme erlernt, um zu überleben.
- Verhaltensprogramme sind eng an die Persönlichkeit gekoppelt und bestimmen diese.
- Menschen reagieren aufgrund dieser erlernten Programme und der sich damit entwickelnden Persönlichkeit unterschiedlich und mit ihren ganz eigenen, spezifischen Reaktionen auf Unbestimmtheit.

6.2 Emotionen steuern unser Verhalten – und unser Überleben

Ungewisse und herausfordernde Situationen lösen bei Menschen in der Regel Emotionen aus. Im Falle von Ungewissheit ist die dominante Emotion meistens Angst. Niemand mag Angst. Trotzdem ist sie, wie andere Emotionen auch, für das Überleben und Agieren in komplexen Situationen und Krisen äußerst hilfreich. Sie zeigt uns an, dass etwas nicht stimmt und wir dringend etwas tun müssen. Sie zeigt an, dass wir uns nicht mehr im Gleichgewicht, nicht mehr im sicheren Zustand befinden. Der leckende Kessel, um in Dörners Analogie zu bleiben, veranlasst uns dazu, etwas zu unternehmen. Angst und andere Emotionen aktivieren Körper und Geist. Genau genommen aktivieren sie in unserem Gehirn neuronale Verknüpfungen, die Denken, Handeln und Lernen ermöglichen.

Für Dörner sind Gefühle Modulatoren, die unser Verhalten und unsere Lern- und Planungsfähigkeit steuern (Dörner 2008, S. 473). Zum einen steuern sie, welches von mehreren Bedürfnissen als erstes befriedigt werden soll. In diesem Fall sind die Bedürfnisstärke und die Erfolgsaussicht, das Bedürfnis tatsächlich zu befriedigen, die relevanten Treiber. Wie dringlich ist mein Bedürfnis? Wie viel Kompetenz glaube ich zu haben, um das Bedürfnis zu befriedigen? Dies führt dazu, dass zunächst fast immer die dringlichen Dinge und/oder die Dinge getan werden, wofür ich glaube die höchste Kompetenz zu haben. Dies kann hilfreich sein, ist in komplexen Situationen möglicherweise aber auch genau das Falsche. Das dringlichste Bedürfnis muss nicht immer gleich das wichtigste sein, ebenso wenig wie das, für dessen Lösung ich mich kompetent fühle. Manchmal kann es wichtiger sein, ein Problem zuerst anzugehen, für das ich mich zunächst vielleicht nicht kompetent genug fühle (Dörner 2008, S. 440 ff.).

Zum zweiten steuern Modulatoren, auf welche Weise eine Tätigkeit ausgeführt werden soll. Die Treiber hierfür sind Motivstärke, Aktivierung und Auflösungsgrad. Aktivierung meint hierbei den Zustand und Grad des Wach- und Aktiv-Seins, während unter Auflösungsgrad die Detailtreue in der Situationsanalyse verstanden wird (Dörner 2008, S. 545 ff.). Ärger ist beispielsweise ein Zustand mit ausgeprägter Motivstärke, einer hohen Aktivierung und einem geringen Auflösungsgrad. Ein solcher Zustand kann sehr hilfreich sein, wenn etwas Wichtiges und Dringliches schnell erledigt werden soll. Er kann aber auch negative Nebeneffekte haben, z. B. dass wichtige Details vergessen oder übersehen werden. Ein alltägliches Beispiel soll dies verdeutlichen:

Beispiel

Eine Führungskraft arbeitet mit Hochdruck an einer Präsentation, die die momentane Auftragslage eines krisengeschüttelten Bereiches darstellen und eine Strategie aufzeigen soll, wie die Situation verändert werden kann. Die Führungskraft ist ganz auf die Erstellung dieser Präsentation konzentriert, denn der Vorstand wartet, um auf dieser Grundlage eine Entscheidung finden und treffen zu können. Mitten in dieser hoch konzentrierten Phase klingelt das Telefon. Die Führungskraft ignoriert das Klingeln, es ist jetzt nicht wichtig. Was will der Kollege jetzt? Er soll warten. Doch einige Zeit später ruft er wieder an. Verärgert nimmt die Führungskraft den Hörer ab. Der Ärger ist eine Konsequenz aus Motivstärke, Aktivierung und geringem Auflösungsgrad. Die Führungskraft lässt den Anrufer seinen Ärger und Unmut spüren, was den Kollegen verunsichert und einschüchtert. Nur ungern teilt er der Führungskraft die neuen Zahlen mit. Sie machen deutlich, dass der Vorschlag, an dem die Führungskraft momentan arbeitet, nicht greifen wird. Die Führungskraft ist traurig und ernüchtert. Die Aktivierung nimmt ab, der Auflösungsgrad wird höher. Der höhere Auflösungsgrad ermöglicht der Führungskraft, langsam von der lieb gewonnen Idee Abstand zu gewinnen und andere Optionen in den Blick zu bekommen. Schließlich findet sie eine alternative Lösung und damit einhergehend kommen Energie und die Kraft zurück, nochmals richtig an die Arbeit zu gehen. Erneut konzentriert sich die Führungskraft ganz auf die zu erstellende Präsentation – Motivstärke und Aktivierung hoch, Auflösungsgrad niedrig. Die Präsentation wird trotz des durch die Änderungen bedingten Zeitverlustes rechtzeitig fertig und kann mit passendem Inhalt verschickt werden. Schließlich bedankt sich die Führungskraft sich bei ihrem Kollegen für den wertvollen Input.

Das Beispiel zeigt: Emotionen sind äußerst hilfreich, sie können gleichzeitig aber auch hinderlich sein. Damit sie hilfreich sind, ist es notwendig, sogenannte Rückkopplungsschleifen einzubauen, die eine Reflexion des Handelns erlauben. In der Reflexion kann man sich seiner eigenen Emotionen bewusst werden und verstehen, warum man fühlt, wie man fühlt bzw. warum man handelt, wie man handelt. Eine typische Reflexionsfrage könnte lauten: Bin ich richtig unterwegs oder spule ich nur automatisch mein Verhaltensprogramm ab? Diese Rückkopplungsschleifen erhöhen die Chance, größere Fehler zu vermeiden und passende Lösungen zu finden.

Emotionen spielen auch bei Lern- und Problemlösungsprozessen eine große Rolle. Für die Lösung von Problemen suchen Menschen zunächst immer ihre gewohnten Verhaltensoptionen und -programme ab. Solange ein bewährtes Verhaltensmuster greift, gibt es auch keinen Grund, das eigene Problemlösungs-

und/oder Lernverhalten zu ändern. Erst wenn ein Problem mit den bekannten Mustern nicht gelöst werden kann, ist dies ein Anlass, das eigene Verhalten bzw. die eigenen Verhaltensprogramme umzubauen. Emotionen werden ausgelöst, die einen Lernprozess unterstützen. Ärger kann uns z. B. anzeigen, dass etwas nicht stimmt oder eine persönliche Grenze erreicht ist. Trauer kann uns ermöglichen, Abstand zu einem Vorhaben zu gewinnen und neue Ziele zu suchen.

Gefühle unterstützen den Lern- und Reflexionsprozess, indem sie auf Hindernisse aufmerksam machen, aber auch Geschwindigkeit, Konzentration und den Auflösungsgrad steuern, mit dem wir ein Problem angehen.

▶ **Merke**

- Emotionen sind Modulatoren, die unser Verhalten und unsere Lern- und Planungsfähigkeit steuern.
- Motivstärke, Aktivierung und Auflösungsgrad lenken die Intensität und Richtung meines Verhaltens und meiner Tätigkeit. Diese werden wiederum durch die Modulatoren „Emotionen" gesteuert und beeinflusst.
- Emotionen sind prinzipiell hilfreich für effektives Handeln, sie sind aber auch „störanfällig".
- Emotionen sind dann besonders hilfreich, wenn ihre Bedeutung erkannt und reflektiert werden und damit Feinsteuerung des eigenen Verhaltens ermöglicht wird.
- Emotionen fallen unter Belastungen stärker aus.

6.3 Neurobiologische Erkenntnisse zu Verhalten, Emotionen und Persönlichkeit

Neurobiologen wie Antonio Damasio (2009) unterstreichen die Auffassungen von Dörner und betonen in ihren Forschungsergebnissen, welche Rolle Emotionen für unser Bewusstsein, unsere Handlungs-, Veränderungs- und Lernfähigkeit spielen.

Damasio geht davon aus, dass Körper, Emotionen und Gefühle (zwischen beiden unterscheidet er ausdrücklich) sowie Bewusstsein

- eine Einheit bilden und sich in höchstem Maße gegenseitig beeinflussen,
- permanent miteinander agieren,

- Emotionen und Gefühle das Bewusstsein stärker beeinflussen können als umgekehrt,
- Emotionen und Gefühle unser Bewusstsein erst ermöglichen,
- und dies nur im Zusammenhang mit einem Organismus, also einem Körper möglich wird (Damasio 2009, S. 163 ff. sowie S. 335 ff.).

Emotionen (und auch Gefühle) dienen dazu, unser Überleben zu sichern. Sie sind Ergebnis einer langen Geschichte evolutionärer Entwicklung und haben eine doppelte Funktion: Sie rufen einerseits eine spezifische Reaktion auf eine auslösende Situation hervor und regulieren andererseits den inneren Zustand des Organismus. Beide Funktionen machen uns erst handlungsfähig. Emotionen versorgen Menschen automatisch mit überlebensorientiertem Verhalten.

„In Organismen, die ausgerüstet sind, Emotionen wahrzunehmen, das heißt, Gefühle zu haben, wirken Emotionen bei ihrem Auftreten im Hier und Jetzt auch auf den Geist. Doch bei Organismen, die mit Bewusstsein ausgestattet sind, das heißt, die erkennen können, dass sie Gefühle haben, wird eine andere Ebene der Regulation erreicht. Das Bewusstsein macht Gefühle der Erkenntnis zugänglich und unterstützt damit die innere Wirkung von Emotionen. Es versetzt diese in die Lage, den Denkprozess durch Vermittlung des Fühlens zu durchdringen. Schließlich ermöglicht das Bewusstsein jedem Objekt, erkannt zu werden – dem ‚Objekt' Emotion genauso wie jedem anderen Objekt und verbessert damit die Fähigkeit des Organismus angepasst zu reagieren, das heißt auf seine besonderen Bedürfnisse einzugehen. Die Emotion ist – ebenso wie das Bewusstsein – dem Überleben eines Organismus verpflichtet." (Damasio 2009, S. 74)

Durch das Zusammenwirken von Emotionen, Gefühlen und Bewusstsein wird eine bessere und genauere Regulation des Überlebens und Handelns in einer komplexen Umwelt erst möglich (Abb. 6.1). Das, was uns von vielen anderen Säugetieren unterscheidet, ist, dass wir uns unserer Emotionen und Gefühle bewusst werden können und diese einen Denk- und Handlungsprozess ermöglichen und unsere Gefühle dazu nutzen können, diesen feinzusteuern.

Stark vereinfacht läuft dieser Prozess wie folgt ab: Reize aus der Umwelt oder aus dem Inneren des Organismus lösen Emotionen aus. Diese werden im Gehirn in Form von neuronalen Mustern abgebildet. Diese neuronalen Muster bilden die Basis für ein Gefühl, woraus dann Veränderungen des Körperzustands und des kognitiven Zustands entstehen. Die Veränderungen des kognitiven Zustands werden durch emotionale Prozesse ausgelöst, die wiederum chemische Stoffe freisetzen. Diese (Neuro-) Modulatoren bewirken eine Vielzahl von bedeutsamen Veränderungen im Gehirn. Die wichtigsten sind:

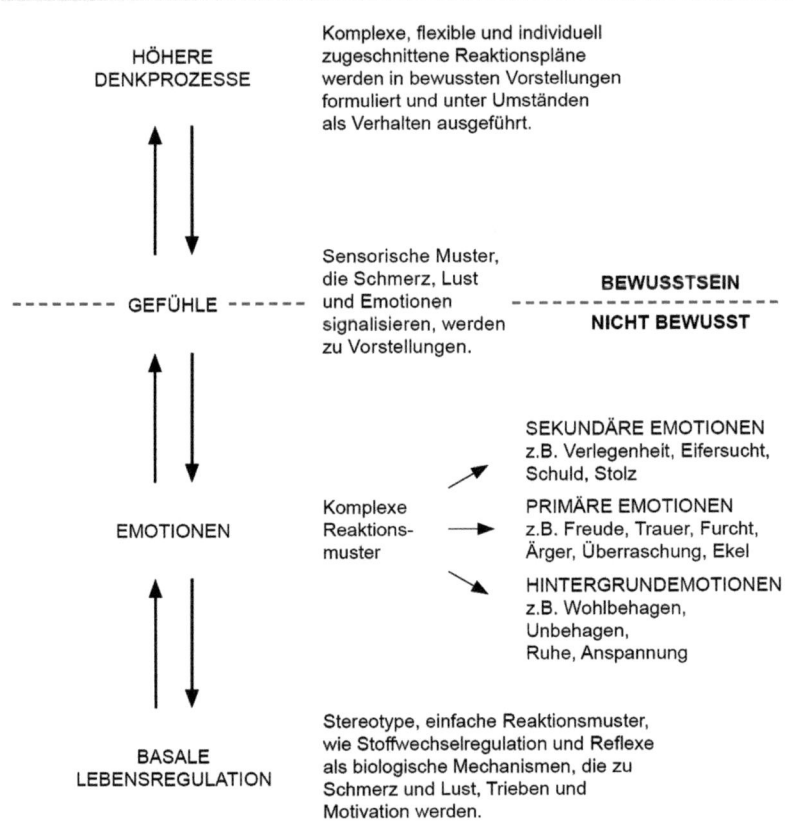

Abb. 6.1   Ebenen der Lebensregulation nach Damasio

- die Auslösung bestimmter Verhaltensweisen (z. B. Bindung, Fürsorge, Distanz, Exploration etc.),
- eine Veränderung der fortlaufenden Verarbeitung von Körperzuständen (z. B. Atmung, Blutkreislauf, Muskelspannung etc.),
- eine Veränderung in der Art der kognitiven Verarbeitung (z. B. Fokussierung auf Tatbestände unter Nichtbeachtung anderer Umweltfaktoren, Beschleunigung oder Verlangsamung von Denkprozessen etc.).

Abb. 6.2   Vom Wachsein zum Bewusstsein nach Damasio

Gefühle agieren also wie Modulatoren, die Verhalten, körperliche Aktivität und kognitive Verarbeitung steuern.

Durch das Erkennen eines Gefühls (und einer dazu gehörigen Emotion) erkennen wir überhaupt erst unser Selbst – es entsteht unser Selbstsinn. Dadurch wird es uns erst möglich, nicht nur stereotyp auf Veränderungen der Umwelt und auf Emotionen zu reagieren, sondern neue, spezifische Anpassungsreaktionen zu planen und zu fördern. Erst durch diesen Schritt entsteht unser Bewusstsein – in seiner zunächst noch sehr einfachen Form. Durch die Interaktion dieses Bewusstseins mit der Umwelt und uns selbst entwickeln wir nach und nach alle weiteren Bewusstseinsebenen inklusive eines autobiografischen Selbst und eines erweiterten Bewusstseins, das wiederum weitere wichtige menschliche Fähigkeiten ermöglicht wie Denken, Sprache, Kreativität und Gewissen (Abb. 6.2).

▶   **Merke** Der Prozess der Interaktion zwischen Körper, Emotionen, Gefühlen und Bewusstsein ermöglicht:

- dass wir in der Umwelt überleben,
- dass wir bewusst denken, planen, handeln und reflektieren können,
- dass wir angemessen handeln können,
- dass wir veränderungs- und lernfähig sind.

Emotionen und Gefühle spielen also eine zentrale Rolle beim Lernen und der
Entwicklung unserer Persönlichkeit.
Wir entwickeln unsere Persönlichkeit aus

1. genetisch übertragenen Faktoren,
2. Faktoren, die unter dem Einfluss von Genen und Umwelt schon früh in der Entwicklung erworben werden,
3. besonderen persönlichen Erfahrungen, die unter dem Einfluss der beiden erst-
   genannten Faktoren durchlebt und entsprechend gespeichert und bewertet wurden (Damasio S. 269; Roth 2009 S. 95 ff.).

Gerade frühe Entwicklungsphasen spielen dabei eine große Rolle. Diese sind in
höchstem Maße mit Empfindungen bzw. mit Selbstempfindungen gekoppelt. Insbesondere in der Entwicklung unseres erweiterten Bewusstseins, wie Damasio es
beschreibt, also bevor wir in der Lage sind, rational zu denken und zu sprechen,
spielen körperliche und emotionale Empfindungen eine große Rolle. Grundlegende
Strukturen unserer Persönlichkeit wie Vertrauen, Selbstvertrauen, Selbstwert, Bindung, Art und Weise der Erforschung und Interaktion mit der bzw. Reaktion auf
die Umwelt sind mit Entwicklungsprozessen verbunden, die in eine vorsprachliche
Phase fallen und in hohem Maße mit Emotionen und Gefühlen verbunden sind.
Dies setzt sich auch dann fort, wenn Sprache hinzukommt. Erst ab einem Alter von
ca. 6 Jahren, wenn in der Entwicklung zusehends mehr Personen eine Rolle spielen und die Interaktion mit der Umwelt sich erweitert, also Sozialisation stattfindet,
setzen Prozesse ein, die weniger durch Emotionen und körperliches Empfinden geprägt sind, so dass dann eine „rationalere" Selbstreflexion beginnt (u. a. Roth 2009;
Stern 2010; Montagu 1971; Chamberlain 2010; Mahler 2001; Masterson 1993).
    Dabei erweitern positive Erfahrungen wie eine gelungene interaktive Bindung
und Kommunikation mit den Eltern, adäquate, fürsorgliche und fördernde Unterstützung in der Exploration der Umwelt, viel körperlicher Kontakt und emotionale

Geborgenheit unser Potenzial, unsere Fähigkeiten und auch unsere Resilienz, um mit belastenden Situationen fertig zu werden.

Belastungen und Störungen in diesen Bereichen sowie Über- oder Unterforderung erzeugen Schutz- bzw. Reaktionsmuster, die uns einschränken – in Hinsicht auf unsere Energie, Fähigkeiten, Kompetenzempfinden, Verhalten und Resilienz. Dabei treten diese Muster im Erwachsenenleben meist nur in Belastungssituationen auf, die den Situationen aus der Vergangenheit ähneln und die wir meist unbewusst wahrnehmen. Im Gegenzug dazu bringen Situationen, die in der Vergangenheit positiv gelöst wurden, unsere Stärken und Fähigkeiten hervor und steigern unser Kompetenzempfinden.

Die eben skizzierten Entwicklungsprozesse haben für komplexe und krisenhafte Situationen tiefergehende Konsequenzen. Diese sind durch Unbestimmtheit gekennzeichnet. In der Grundtendenz wirken sie daher eher belastend. Je mehr die Situation jenen ähnelt, die wir in der Vergangenheit als Herausforderung positiv gelöst bzw. erlebt haben, desto eher ist zu erwarten, dass wir zunächst mit Energie, Stärke und Kompetenzempfinden agieren. Das bedeutet zwar nicht, dass wir diese Situation automatisch auch erfolgreich meistern werden, sondern lediglich, dass wir tendenziell entschlossen und selbstbewusst an die Situation heran gehen. Ähnelt die Situation aber jenen Situationen der Vergangenheit, die für unser Selbstempfinden belastend waren, werden wir aller Wahrscheinlichkeit nach eher mit unseren Reaktions-, Stress-, und Schutzmustern reagieren. Diese haben je nach Persönlichkeit unterschiedliche Ausprägungen, die bei der Problemlösung störend sein können, wie z. B. Dominanz, Selbstinszenierung, Distanz, übermäßiges Analysieren und Rückversichern, Innehalten bis hin zu komplettem Rückzug und Erstarren. Insofern wirken komplexe und krisenhafte Situationen hier doppelt belastend – erstens aufgrund der Situation selbst und zweitens aufgrund der eigenen Entwicklungserfahrungen.

Für belastende Situationen wie Komplexität und Krise sind dies wichtige Erkenntnisse. Denn über körperliches, emotionales und mentales Training, Übung und Reflexion kann die individuelle Leistungs-, Handlungs- und Reflexionsfähigkeit positiv beeinflusst werden. Das heißt, dass man lernen kann, mit belastenden Situationen besser fertig zu werden. Die eigene Selbstführung, die Führung anderer Menschen und die Führungskooperation in diesen Situationen positiv beeinflussen, ist zu erlernen und zu verbessern, wodurch Voraussetzungen und Bedingungen geschaffen werden, um komplexe Situationen (besser) zu bewältigen.

Wichtig

- Unbestimmte Situationen, wie Krise und Komplexität wirken belastend.
- Sie können doppeld belastend sein durch:
  - die Situation selbst, die (hohen) Stress auslöst und damit verbundene körperliche, emotionale und mentale Prozesse auslöst,
  - die damit einhergehenden und früh erlernten „negativen" Reaktions- und Schutzmustern, die unsere Handlungsfähigkeit einschränken und negativ beeinflussen können.
- Dies zu ändern ist erlernbar, wodurch Selbstführung, Führung und Führungskooperation verbessert werden.

6.4   Die Bedeutung von Bewusstsein, Unterbewusstsein und Vorbewusstsein in komplexen Situationen

Ein weiterer wichtiger Aspekt, der hilfreich im Zusammenhang mit Verhalten in komplexen und krisenhaften Situationen ist, besteht im Zusammenspiel zwischen Unterbewusstsein, Vorbewusstsein und Bewusstsein, wie Roth es beschrieben hat (Roth 2009, S 78 ff.)

Unter Unterbewusstsein sind folgende Aspekte zu verstehen:

- *Alle Wahrnehmungsvorgänge, die ablaufen, bevor sie ins Bewusstsein gelangen.*
  Sensorische Informationen werden vom menschlichen Gehirn eine Drittel- bis eine halbe Sekunde lang unbewusst vorverarbeitet. Dann entscheidet das Gehirn, ob der Inhalt überhaupt ins Gehirn gelangen soll.
- *Alle unterschwelligen Wahrnehmungsvorgänge.*
  Dies sind alle Vorgänge, die das Gehirn zwar erregen, aber die Schwelle zum Bewusstsein nicht überschreiten. Entweder, weil die Informationen zu unwichtig sind oder weil das Gehirn sie als Routineprogramme ohne Bewusstsein abarbeiten kann.
- *Alle Wahrnehmungsinhalte, die außerhalb unserer Aufmerksamkeit sind.*
  Dinge, auf die die Aufmerksamkeit nicht gelenkt wird, können, auch wenn sie wichtig sind, übersehen werden, selbst wenn sie direkt vor jemandem stattfinden.
- *Alle Vorgänge der kognitiven Verarbeitung und der Gefühle, die im Gehirn des Kleinkindes, des Säuglings und des Kleinkindes stattfinden bevor jene Gehirnteile sich entwickelt haben, die Vorgänge auch mental und bewusst erinnern können.*

Diese sind meist erst im dritten Lebensjahr entwickelt. Es braucht entsprechender unterstützender Methoden, diese dann im Erwachsenenalter wieder ins Bewusstsein zu bringen, um sie zu bearbeiten.

* *Alle Informationen des „Fertigkeitsgedächtnisses".*
Hierzu gehört alles, was einmal bewusst gelernt und viel geübt wurde und auf was man sich dann nicht mehr im Detail bewusst konzentrieren muss, wie z. B. Klavierspielen, Schalten beim Autofahren etc.

* *Alle Informationen des Erfahrungsgedächtnisses,* die eine wesentliche Basis des Charakters und der Persönlichkeit sind und in Bereichen liegen, die dem Bewusstsein nicht direkt und rational zugänglich sind.

Das Vorbewusstsein beinhaltet alle Informationen, die zu einem früheren Zeitpunkt bewusst waren, aus Gründen der Speicherkapazität und Ökonomie aber in Bereichen des Gehirns abgelegt wurden, wo sie aktuell nicht bewusst sind, aber zum Teil wieder reaktiviert werden können.

Bewusstsein tritt erst dann auf, wenn bestimmte Gehirnteile bewerten und entscheiden, ob etwas als „wichtig" und „neu" charakterisiert wird. D.h., dass das Gehirn sich damit beschäftigt, da keine Routinen in Körper und Gehirn vorhanden sind, um die Herausforderung zu bearbeiten. Routinevorgänge (also Un- bzw. Vorbewusstes) sind dabei in der Verarbeitung relativ schnell und fehlerfrei (im Sinne der Abarbeitung der Routine). Bewusste Denkprozesse sind dagegen relativ langsam und fehleranfällig.

Auch diese Erkenntnisse sind für die Selbstführung und Führung wichtig. Wer sich bewusst darüber ist, dass unter- und vorbewusste Prozesse immer ablaufen, kann Stolpersteine und Fehlverhalten in komplexen Situationen eingrenzen bzw. mit Hilfe von bestimmten Selbstführungs- und Entscheidungsprozessen einen besseren Umgang damit finden, insbesondere in belastenden und richtungsweisenden Situationen und Entscheidungsmomenten.

6.5 Stolpersteine und typisches Fehlverhalten in komplexen Situationen und Krisen

Bevor wir uns mit möglichen erfolgreichen Führungskonzepten und -verhalten in Krisensituationen beschäftigen, wollen wir noch kurz auf die wichtigsten Stolpersteine in komplexen Situationen und Krisen eingehen.

Was kann alles schief gehen? Was sind die Gründe für Schwierigkeiten?

Roth (2009, S. 130) führt in Anlehnung an Dörner (Dörner und Schaub 1995, S. 44 f.; Dörner 2009) im Wesentlichen fünf Hauptfehler auf:

1. Die lang- und mittelfristigen Folgen der Maßnahmen sowie die Auswirkungen auf andere Sachverhalte und Herausforderungen werden vernachlässigt und/oder nicht betrachtet.
2. Nicht ausreichende Analyse der eigenen Modellbildung in Bezug auf die Realität und ungeprüfte Übertragung von eigenem Vorwissen.
3. First things first – man fängt mit den Problemen an, die einem als Erstes auffallen.
4. Sprunghaftes Handeln und Umsteuern bei ersten Misserfolgen.
5. Keine Übernahme von Eigenverantwortung und Suche nach Schuldigen.

Daraus ergeben sich weitere Fehler:

- emotionale Überreaktionen wie Dominanz, Aggression, Rückzug, Reaktion oder Flucht,
- Planungsfehler wie Über- oder Unterplanung sowie übertriebener Einsatz von Methoden.

Die vier Hauptursachen für die auftretenden Fehler und Schwierigkeiten sind (Dörner und Schaub 1995, S. 44 f.)

- begrenzte Verarbeitungskapazität,
- begrenzte Gedächtniskapazität,
- Überwertigkeit des aktuellen Motivs,
- Schutz des eigenen Kompetenzempfindens.

6.5.1 Begrenzte Verarbeitungskapazität

Bewusstes Denken ist langsam und kann sich nur mit einer begrenzten Anzahl von Themen gleichzeitig beschäftigen. Dies führt fast zwangsläufig dazu, dass sich im bewussten Denken „Ökonomietendenzen" aufzeigen, was zu Reduktionen und Vereinfachungen führt. Diese ermöglichen es, komplexe Dinge auf den Punkt zu bringen oder Sachlagen bzw. Analysen zu vereinfachen. Neben den Vorteilen dieses Verhaltens besteht aber auch die Gefahr, wichtige Zusammenhänge nicht ausreichend zu betrachten, wesentliche Dinge zu übersehen und damit auch schwerwiegende Fehler zu begehen. Dies geschieht allerdings nicht bewusst, sondern eher unbewusst.

6.5.2   Begrenzte Gedächtniskapazität

Die Ökonomietendenzen des Bewusstseins führen auch dazu, dass Dinge, die nicht mehr aktuell wichtig sind, relativ schnell vergessen werden. Das menschliche Gehirn behält und verarbeitet nur begrenzt Informationen bewusst – unbewusst bzw. vorbewusst kann es sehr viel mehr speichern. Problematisch ist, dass der Ablauf der Dinge, der Prozess im dynamischen System und die dahinterliegenden Prinzipien nicht mehr erkannt und damit ggf. nicht mehr gesteuert werden können. Dies ist insbesondere dann der Fall, wenn die Dinge sich über einen langen Zeitraum ziehen oder – wie im Fall der Krise – besonders hektisch und unübersichtlich erscheinen. Damit wird es dann schwierig, die richtigen Interventionen im System zu setzen. Aus Ursache und Wirkung werden Einzelereignisse und ebenso wird ggf. mit einer Einzelmaßnahme interveniert statt mit einem abgestimmten Bündel von Maßnahmen, die auch zeitlich aufeinander abgestimmt werden. Deshalb wird insbesondere in Krisensituationen häufig Fire-Fighting mit Einzelmaßnahmen betrieben, die die Situation dann noch verschlimmern.

6.5.3   Überwertigkeit des aktuellen Motivs

Da, wo der Schuh am meisten drückt, wird zuerst gehandelt. Am wichtigsten erscheinen die Herausforderungen, die dringend sind. Dies gilt umso mehr, wenn der Druck hoch ist und der Stress steigt. Die wichtigen Probleme von morgen oder übermorgen werden dann noch nicht in den Blick genommen, obwohl es vielleicht besser wäre, sich um diese zu kümmern und sie anzugehen, weil ihre Lösung eine größere Wirkung hat, weil sie Vorbereitungszeit benötigen etc. Und häufig führt die schnelle und anscheinend gute Lösung zu weiteren Problemen in der Zukunft.

6.5.4   Schutz des eigenen Kompetenzempfindens

Sich nicht handlungsfähig zu fühlen, ist unangenehm. Ein Mensch, der sich nichts zutraut, ist darüber hinaus auch weit weniger in der Lage, ein Problem zu lösen. Die Tendenz geht also dazu zu handeln, um das eigene Selbstvertrauen zu schützen. Dies scheint ein natürliches Motiv von Menschen zu sein. Allerdings ist es eben auch in komplexen und krisenhaften Situationen nicht nur wichtig, handlungsfähig zu sein. Vielmehr muss das Handeln ja auch zu den Anforderungen der jeweiligen Situation passen. Wenn die Art und Weise die Dinge zu tun, so wie man sie gelernt hat und zu tun gewohnt ist, nicht zur Anforderung der Umwelt passt, kann schon einiges schief gehen. Und wenn dann Reflexion und Aus-der-Situation-Lernen nicht gelingen, werden auch die Probleme, die es zu bewältigen gilt, nicht gestemmt werden können. Das eigene Kompetenzempfinden wird dann nur über eine kurze Zeit geschützt. Komplexität und Krise zwingen zu einem Lernprozess – früher oder später und mehr oder weniger schmerzhaft.

Literatur

Chamberlain D (2010) Woran Babys sich erinnern. Kösel, München

Damasio AR (2009) Ich fühle, also bin ich. List, Berlin

Dörner D (2008) Bauplan für eine Seele. Rowohlt, Reinbek

Dörner D (2009) Logik des Misslingens. Rowohlt, Reinbek

Dörner D, Schaub H (1995) Handeln in Unbestimmtheit und Komplexität. Organisationsentwicklung 95(3):34–47

Mahler MS, Pine F, Bergman A (2001) Die psychische Geburt des Menschen. Fischer, Frankfurt

Masterson JF (1993) Die Sehnsucht nach dem wahren Selbst. Klett-Cotta, Stuttgart

Montagu A (1971) Touching: The Human Significance of the Skin. Columbia University Press, New York

Roth G (2009) Persönlichkeit, Entscheidung und Verhalten. Klett-Cotta, Stuttgart

Stern D (2010) Die Lebenserfahrung des Säuglings. Klett-Cotta, Stuttgart

Teil II
Führungsverständnis und Führungsmodelle für den Umgang mit Krise

Führung kann Komplexität und Krise besonders effektiv steuern, wenn sie sich auf verschiedenen Ebenen engagiert. Dann gelingt es, jenen Einfluss zu erlangen, der die Steuerung der Vielzahl von Variablen möglich macht, um eine Richtung und Wirkung zu erzielen. Durchaus im Sinne der kybernetischen Erkenntnis, dass die Steuerung eines komplexen Systems mindestens ebenso komplex sein muss, wie das System selbst.

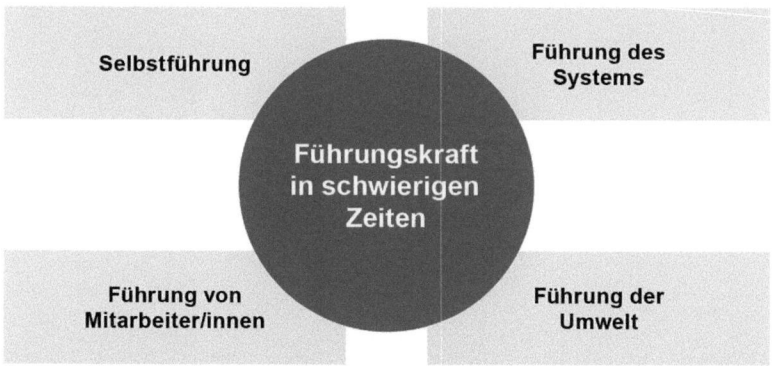

Abb. 1 Ebenen der Führung von Komplexität und Krise

Aus unserer Sicht sind folgende Führungsebenen für die Führung in der Krise wichtig:

- Selbstführung
- Führung des Systems
- Führung von Mitarbeitern
- Kooperation mit der Umwelt

Wir wollen hier insbesondere auf die ersten drei Führungsebenen eingehen, die eine direkte Führungswirkung bei der Krisenintervention durch die Führungskraft erzeugen können. Hierzu bieten wir im Anschluss an die Beschreibung der jeweiligen Führungsebene auch Führungstools an, die Sie in der Krisenbewältigung unterstützen können oder Ihnen Impulse und Ideen für weitere oder andere Führungsinterventionen geben.

Selbstführung

7

7.1 Wozu Selbstführung?

Wie bereits erwähnt, stellen komplexe Situationen, Unbestimmtheit und Krise erhebliche Anforderungen an Menschen, insbesondere an jene mit Führungsverantwortung. Es sind Entscheidungen zu treffen, deren Wirkungen nicht bekannt sind, für die man aber verantwortlich ist. Der Druck und die emotionale Belastung sind hoch. Dies erfordert konstruktive Verarbeitung, während man gleichzeitig handlungsfähig und nach Möglichkeit einigermaßen gelassen sein sollte. Risiken sind einzugehen, die man nicht kennt. Das eigene Kompetenzempfinden leidet, weil häufig keine Kontrolle mehr über den eigenen Aufgaben- und Handlungsbereich möglich scheint und die Selbstwirksamkeit des eigenen Handelns dadurch begrenzt ist. Es wird viel persönliche Energie benötigt und Einsatz verlangt, während man gleichzeitig doch selber mehr Phasen der Erholung bräuchte, um Energie wieder aufzubauen. Um dies alles zu bewerkstelligen, braucht es bereits ein hohes Maß an Persönlichkeit und Selbstführung, um mit diesen Situationen kompetent umzugehen und/oder es braucht Ressourcen und Zeit, die eigene Führungspersönlichkeit weiter zu entwickeln.

Eine Führungspersönlichkeit, die sich selbst gut kennt, die fest auf dem Boden steht und gleichzeitig flexibel ist, die ein hohes Maß an Energie und Gelassenheit hat, ist die Basis, um überhaupt in solch anspruchsvollen Situationen kompetentes Führungshandeln zu ermöglichen. Dies setzt entweder voraus, dass die persönlichen Entwicklungsprozesse seit frühester Kindheit so ideal verlaufen sind, dass die Persönlichkeit bereits eine Führungs-Kraft hat, die genügend Energie, Resilienz und Selbstführungskompetenz mit sich bringt. Oder es wurde bereits erheblich in die eigene Entwicklung der Persönlichkeit investiert bzw. es wurden entsprechende praktische Erfahrungen unter besonderen Belastungssituationen gemacht, die zu persönlichen Lern- und Entwicklungsprozessen geführt haben. Unabhängig vom Stand der eigenen persönlichen Entwicklung im Bereich Führungspersönlichkeit

F. Saur und H. Ellebracht, *Führen in schwierigen Zeiten*, DOI 10.1007/978-3-8349-3693-6_7, © Springer Fachmedien Wiesbaden 2014

braucht man – für die erfahrene Führungskraft genauso wie für die noch nicht so erfahrene – in solchen Situationen immer wieder Zeit und Ressourcen, um sich selbst zu reflektieren und sich eine Auszeit zu nehmen – kurz- (Selbst-)Coaching durchzuführen.

Dies liegt an den bereits beschriebenen körperlichen, emotionalen und mentalen Prozessen, die Persönlichkeit und das menschliche Verhalten allgemein und insbesondere unter den Bedingungen von Komplexität und Krise ausmachen. Ohne Reflexion, ohne Möglichkeiten der (Re-)Orientierung, ohne eigene Weiterentwicklung, ohne Pause und Zeit für Regeneration, um wieder Führungs-Kraft zu sammeln, steigt aus diesen Gründen die Gefahr von Fehlern und der eigenen Selbstüberlastung – mit häufig weitreichenden Konsequenzen für Organisation und Mitarbeiter.

Wie kann also gute Selbstführung aussehen? Wo setzt man am besten an? Welche Elemente der Selbstführung sind relevant und können hilfreich sein? Auf welchen Ebenen kann (Selbst-)Coaching ansetzen?

Selbstbewusstsein ist eine wesentliche Eigenschaft für gute Selbstführung. Hiermit ist nicht nur ein selbstbewusstes Auftreten gemeint. Selbstbewusstsein soll im eigentlichen Sinne des Wortes verstanden sein. Die Fähigkeit, sich wirklich über sein Bewusstsein (inkl. Vor-, Unter-, Körperbewusstsein und Gefühle) und die daran gekoppelten Wirkungen selber zu erkennen und zu verstehen. Kenne ich mich also wirklich selbst genau? Und wie genau? Kenne ich mein Bewusstsein selbst? Bewusstsein hier wieder in allen Aspekten und auf allen Ebenen verstanden – körperlich, emotional, und mental. Bin ich mir und meiner Muster auf allen diesen Ebenen bewusst? Weiß ich, wie meine Emotionen und meine körperliche Verfasstheit, meine mentalen Prozesse beeinflussen? Wie beeinflusst dies wiederum meine Entscheidungen, meine Handlungskompetenz und mein Verhalten im hier und jetzt? Und wie wirkt dies auf andere Menschen? Bin ich mir dieser Wirkung auch bewusst?

Bin ich mir darüber bewusst, was mich in meinem Leben geprägt hat und wie dies auf mich jetzt noch wirkt und Einfluss hat? Kenne ich meine Stärken und Kompetenzen, weiß ich, wo und wann es schwierig für mich wird, wo meine Grenzen sind und wie ich damit dann produktiv für mich und andere umgehe? Habe ich gelernt, wie ich diese Grenzen erweitern oder überwinden kann und was der Preis dafür ist? Wie ist meine Aufmerksamkeit diesbezüglich geschult? Nehme ich mich genügend wahr? Spüre ich meinen Körper und meine Emotionen und weiß ich was er/sie mir sagen? Bin ich mir über meine Denkprozesse gerade bewusst und wie genau? Kann ich in meiner Energie bleiben und mit Kraft und Wertschätzung handeln? Oder handle ich eher aus meinem Schutz- und Notfallprogramm z. B. mit

Dominanz (was für Führungskräfte nicht untypisch wäre), mit Selbstdarstellung, Rückzug, Pingeligkeit oder Ungenauigkeit, je nach meinem gelernten Schutzmuster? Bin ich in dieser Situation noch in der Lage umzuschwenken, wieder in die Kraft zu kommen oder elegante und hilfreiche „Krücken" zu nutzen?

Verfüge ich über ein solches Selbstbewusstsein und habe ich gelernt, auch alternativ zu handeln bzw. meine eigenen Prozesse zu beeinflussen, ist dies ein äußerst wertvolles Element der Selbstführung und der Entwicklung der eigenen Persönlichkeit. Es ist die Basis und in den meisten Fällen auch Voraussetzung für alle anderen Elemente der Selbstführung.

Um sich besser kennenzulernen, sind Instrumente wie Persönlichkeits- und Potenzialeinschätzungen, Coaching, Feedback sehr effektiv. Auch und gerade unter Belastungssituationen helfen sie, zusätzliche Erkenntnisse zu gewinnen oder sich noch besser ins (Selbst-)Bewusstsein zu rufen, worauf es ankommt. Sie unterstützen gerade in solchen Situationen, neue Optionen für sich selbst zu entwickeln und diese dann in der Praxis zu verwenden.

Selbstorganisation ist die Fähigkeit, sich selber in allen Belangen gut zu organisieren und zu managen. Dazu gehören u. a. die Fähigkeit, sich selbst in der Zeit zu organisieren, seine eigene Arbeitsweise zu organisieren, zu delegieren, sich auch Freiräume zu schaffen, mit anderen zu kooperieren, aber auch Grenzen zu ziehen. Ziele zu vereinbaren oder ggf. auch eigene Ziele zu setzen, Maßnahmen zu planen und zu ergreifen, um die Ziele zu erreichen, die Zielerreichung zu verfolgen und ggf. anzupassen. Eigene und andere Ressourcen sicherzustellen, um Ziele zu erreichen. Und falls Ziele nicht zu erreichen sind, nach alternativen Lösungsmöglichkeiten zu suchen.

Dies beinhaltet auch, das eigene Handeln und Verhalten in der Umwelt so anpassen zu können, dass adäquat agiert und reagiert werden kann, um Lösungen für Herausforderungen zu erreichen. Weiterhin die Ressourcen körperlicher, emotionaler und mentaler Art richtig einsetzen zu können und die eigenen Grenzen dort zu kennen.

Dies alles gelingt natürlich deutlich besser, wenn man sich gut kennt, also ein gut ausgeprägtes Selbstbewusstsein hat und in der Lage ist, sich selber gut reflektieren zu können.

Energie und Regenerationsfähigkeit Energie/Lebensenergie ist der zentrale Motor für alles, was getan wird. Sie ist die Kraft, die es ermöglicht, in einer komplexen Welt zu leben. Sie ist damit auch Basis und Motor für Führungs-Kraft. Energie wird aber unter Bedingungen von Komplexität und Krise durch viele Faktoren besonders beansprucht. Es wird also ein besonders hohes Maß an Energie benötigt, um in diesen herausfordernden Situationen handlungs- und entscheidungsfähig zu sein. Es ist eine besondere Fähigkeit von Selbstführung, die Quelle der eigenen Kraft und Energie zu kennen. Diese Fähigkeit ist Teil des Selbstbewusstseins – sich auch körperlich und emotional so gut zu kennen, um zu wissen, wo die eigene Energie entsteht und wie diese erweckt und genutzt werden kann. Dies setzt voraus, dass man spüren und fühlen kann, wo und wie dies in einem geschieht. Ausschließlich rational ist einem dieser Teil seines Selbsts nicht zugänglich. Es braucht besonderes Talent und/oder Energiearbeit, die in der Regel aus körperlicher und emotionaler Übung besteht. Eine weitere Fähigkeit ist es, diese Energie und Kraft zu erhalten. Welche Gegenmaßnahmen kann man bei sich einleiten, wenn man merkt, dass Energie verloren geht. Dies kann über mentale, emotionale und/oder körperliche Aktivitäten geschehen und braucht auch wiederum Talent und Übung. Und falls tatsächlich Energie und Kraft verloren gehen, was in andauernden komplexen Situationen und Krisen nicht unwahrscheinlich ist, zu wissen, wie man diese Energie und Kraft wiederherstellen kann. Die letzten beiden genannten Fähigkeiten sind Regenerationsfähigkeiten. In der Regel werden im Alltag auch unter normalen Bedingungen intuitiv oder bewusst eine Vielzahl von Aktivitäten genutzt, um sich zu regenerieren. Zu diesen gehören neben lebenswichtigen Aktivitäten wie Essen, Trinken, Atmen, Schlafen auch „passives" Erholen und Ausspannen sowie aktive körperliche Bewegung und Sport. Auch mentale Aktivitäten wie Lesen, Kunst, Musik oder sinngebende Aktivitäten wie Religion gehören dazu. Unter besonders belastenden Situationen ist es aber in der Regel schwerer, diese Aktivitäten in gleichem Maße aufrecht zu erhalten. Zum einen fehlt häufig die Zeit für die Aktivitäten, die jetzt besonders wichtig wären. Zum anderen ist das Maß an Regeneration, das man benötigt, um sich in diesen Bedingungen zu erholen, deutlich höher als zu normalen Zeiten. Das Risiko einer sich negativ verstärkenden Spirale ist hier besonders hoch. Insofern braucht es in solchen Situationen besonderes Augenmerk auf diese Aktivitäten – ein bewusstes Regenerationsprogramm. Teil dieses Programms kann sein, zu lernen, die eigene Regeneration noch effektiver zu gestalten, um denselben oder höheren Effekt in gleicher oder weniger Zeit zu erzielen. Die Zusammenstellung zu ändern, Neues zu lernen. Auf jeden Fall aber die Aktivitäten nicht liegen zu lassen, sondern als eine der wichtigsten Aufgaben im Krisenmanagement zu betrachten und aktiv zu managen. Sich selbst zu schützen und die eigene Kraft und Energie zu erhalten – für sich selber, für das, was einem wichtig ist im Leben und für die Aufgabe des Krisen und Komplexitätsmanagements.

Entscheidungskompetenz und -verhalten Eine weitere zentrale und wichtige Ebene der Selbstführung, die eng mit der eigenen Führungspersönlichkeit verbunden ist und insgesamt zu einer der wichtigsten Führungsaufgaben gehört, ist,

Entscheidungen zu treffen. Jede einzelne Führungskraft muss tagtäglich Entscheidungen treffen. Organisationen entwickeln ganze Ketten von Entscheidungen, durch die die Organisation erst handlungsfähig wird. Was aber ist nun ein gutes Entscheidungsverhalten in komplexen Situationen und Krisen?

Auch wenn es – wie im ersten Kapitel gezeigt – letztendlich keine zwingende und schon gar nicht mathematisch-eindeutige Entscheidungsregel zu geben scheint, so gibt es doch ein paar Orientierungspunkte für Entscheidungen in komplexen und krisenhaften Situationen. Hilfreich scheint es in komplexen Situationen in der Regel zu sein, wenn

- überhaupt Entscheidungen getroffen werden.
- häufig Entscheidungen getroffen werden.
- Entscheidungen, Kontinuität und Reflexion zeigen.
- kein oder wenig Aktionismus vorhanden ist.
- Entscheidungen reversibel gemacht werden können, sollte sich herausstellen, dass sie fehlerhaft sind (wenn es geht, lieber viele kleine Entscheidungen treffen, die rückgängig gemacht werden können, als eine große, die nicht rückgängig gemacht werden kann).

Eine weitere Frage, die bzgl. des Entscheidungsverhaltens in komplexen Situationen immer wieder gestellt wird, ist, ob Entscheidungen rational oder intuitiv getroffen werden sollen. Treffe ich Entscheidungen in komplexen Situationen besser mit dem Kopf oder mit dem Bauch?

Rationalität hat – wie wir bereits erwähnt hatten – ihre Grenzen. Zu einer rationalen Entscheidung würde im strengen Sinn zählen, dass man über alle Informationen verfügt und dann eine oder mehrere Lösungen mathematisch sauber berechnen kann. Mindestens in komplexen Situationen stehen aber niemals alle notwendigen Informationen zur Verfügung und bei der Vielzahl der Variablen, die vorhanden sind, kann man auch keine eindeutige Lösung errechnen. Wird Rationalität etwas weiter gefasst und als Bewusstsein im o. g. Sinn verstanden, dann wäre die Frage, ob es womöglich besser ist, Entscheidungen mit dem Bewusstsein zu fällen. Auch hier gibt es Grenzen. Denn wie beschrieben hängt (Selbst-)Bewusstsein in starkem Maße vom Körper, den Emotionen und Gefühlen ab (Damasio 2009) sowie vom Vor- und Unterbewussten (Roth 2009). Außerdem ist das Bewusstsein stark durch die eigenen Vorerfahrungen geprägt – sowohl bewusst als auch unterbewusst (Hüther 2009; Mahler et al. 2001; Masterson 1993; Stern 2010). Insofern gibt es also das reine, rationale Bewusstsein nicht. Es ist Produkt körperlicher, emotionaler, unterbewusster und vorbewusster Prozesse, die nicht statisch sondern dynamisch sind und von vielen Faktoren in der jeweiligen Situation abhängen und beeinflusst werden.

Also doch eine intuitive bzw. emotionale Entscheidung? Mit Sicherheit ist es nicht hilfreich, in komplexen Situationen unter stark emotionalen Affekten und Stress zu entscheiden. Die Störungen und negativen Einflüsse erscheinen viel zu groß. Es kann fatale Folgen haben, eine weitreichende Personalentscheidung zu treffen, wenn einen gerade die Wut gepackt hat – nicht nur für den betroffenen Mitarbeiter. Auch aus ganz banalen Alltagserfahrungen ist bekannt, dass in der Regel Entscheidungen, die unter starkem Ärger oder Angst getroffen wurden, nicht so gut sind und später bereut werden.

Wie entscheidet man also am besten in komplexen Situationen?

Ein interessantes Ergebnis lieferte eine holländische Arbeitsgruppe (Roth 2009 in Anlehnung an Dijksterhuis et al. 2006). Das Ergebnis war, dass bei weniger komplexen Entscheidungssituationen Nachdenken und dann eine sofortige Entscheidung auf Basis des Nachdenkens das beste Ergebnis lieferten. Bei komplexen Entscheidungssituationen ergab aber das reine Nachdenken nicht das beste Ergebnis. Effektiver war es, nachzudenken, dann die Gedanken eine ganze Zeit lang wirklich „ruhen zu lassen" und nach dieser Zeit dann bewusst, aber ohne erneutes Nachdenken und Reflektieren die Entscheidung zu treffen. (Roth 2009, S. 132 ff.).

Wie wir im ersten Kapitel gesehen haben, sind „rationale" also bewusste Prozesse wie Zielbildung, Priorisierung, Informationssammlung, Modellbildung, Planung, Kontrolle und Selbstreflexion in komplexen Situationen notwendig, um passende Ergebnisse zu erzielen. Darauf zu verzichten, ist also nicht angebracht. Wie zu sehen war, beeinflussen aber eine Menge anderer Faktoren wie Körper, Emotionen, Unter- und Vorbewusstsein sowie Vorerfahrungen die eigenen Handlungen und damit auch Entscheidungen in hohem Maße. Insofern beeinflussen nicht-rationale Prozesse auch das Entscheidungsverhalten insbesondere in komplexen Situationen und Krisen.

Noch besser können die Ergebnisse werden, wenn es gelingt, beim Nachdenken nicht nur die sachlichen Aspekte zu beachten und diesen rational nachzugehen sondern darüber hinaus auch die Achtsamkeit auf Gefühle und Körper zu lenken. Gleichzeitig muss man sich darüber im Klaren sein, wie die Persönlichkeit und die körperlichen, emotionalen und gedanklichen Impulse (kurz die Lebensimpulse) momentan die Entscheidungsfindung beeinflussen. Man kann sich dann etwas bewusster die Frage stellen, ob gerade eine Vorerfahrung oder persönliche Affinität die Entscheidung beeinflusst und ob diese gerade hilfreich und angebracht ist oder eher das Ergebnis negativ beeinflussen könnte.

Roth kommt zu einem ähnlichen Ergebnis. Wie schon festgestellt ist die bewusste Gedächtnis- und Verarbeitungskapazität begrenzt. Menschen können sich aufmerksam nur maximal 5–7 Elemente merken und gleichzeitig bearbeiten. Komplexe Situationen haben aber weit mehr Elemente. Das Gehirn verfügt noch über andere Möglichkeiten, weit mehr Elemente zu bearbeiten und Probleme zu lösen. Das Vorbewusstsein verfügt über Fähigkeiten zur Verarbeitung komplexer Informationen und Situationen. Damit wird auch intuitives Problemlösen möglich. Das Vorbewusstsein greift nicht nur auf das aktuelle Bewusstsein zu, sondern auf weit mehr Bereiche unseres Gedächtnisses (Roth 2009, S. 134 ff). Das „Sacken lassen" oder das „über Nacht darüber schlafen" hilft, diese Prozesse des Vor- und Unterbewussten zu aktivieren und dem Gehirn die Zeit und Möglichkeit zu geben, diese zu verarbeiten und in die Entscheidungsfindung intuitiv zu integrieren.

Entscheidungsverhalten in komplexen Situationen

- Ziele bilden/haben, Informationen sammeln und bewerten
- Emotionen und Gefühle mit einbeziehen, beobachten und hinterfragen
- Vorerfahrungen kritisch hinterfragen
- Informationen und Bewertungen sacken lassen und sich nicht damit beschäftigen
- Ggf. eine Nacht darüber schlafen
- Entscheidung nach einiger Zeit des „Sackenlassens" treffen, ohne erneut im Detail darüber nachzudenken

Diese beschriebenen vier Elemente der Selbstführung – Selbstbewusstsein, Selbstorganisation, Energie und Regenerationsfähigkeit, außerdem noch Entscheidungskompetenz und -verhalten sind wichtig, um in komplexen Situationen und Krisen effektiv handeln zu können. (Selbst-)Coaching sollte sich auf diese Ebenen beziehen. Sicherlich werden Führungskräfte in diesen Bereichen schon ausgebildet und unterstützt. Dies reicht häufig jedoch nicht aus – sowohl in Hinblick auf die Tiefe der Interventionen, den Umfang, die Zeit als auch die Ressourcen, um den wachsenden Anforderungen des Führungsalltags unter den genannten Bedingungen zu begegnen. Nicht umsonst wächst die Rate der Burn-outs und Depressionen bei Führungskräften, um nur die sichtbarsten Erscheinungen zu nennen. Darüber hinaus sind viele Führungskräfteentwicklungsprogramme auf Führung in „guten Tagen" ausgerichtet und adressieren komplexe und krisenartige Situationen gar nicht oder nur ungenügend. Die Entwicklung der Führungspersönlichkeit wird unter den Bedingungen von Komplexität und Krise allerdings immer wichtiger.

In der Toolbox finden Sie einige Instrumente des Selbstcoachings, die gut allein und/oder mit Kollegen anzuwenden sind und bei der Selbstführung unterstützen sollen.

Gute Selbstführung beinhaltet

- Ungeschminkte Kenntnis des eigenen Selbst (Selbstbewusstsein)
- Realistisches Bewusstsein über die eigenen Fähigkeiten und Grenzen
- Fähigkeit, die eigene Energie zu beeinflussen und zu lenken
- Regenerationsfähigkeit (z. B. Auszeiten und Übungen für Entspannung und Erholung)
- Reflexion und Training der eigenen Denk-, Handlungs-, emotionalen und körperlichen Muster (Potenziale genauso wie Stress-, Schutz- und Reaktionsmuster)
- Regelmäßiges (Selbst-)Coaching insbesondere in Krisensituationen und Komplexität
- Gezielte und bewusste Erweiterung der eigenen Persönlichkeitsentwicklung

7.2 Toolbox Selbstführung

7.2.1 Bestimmen Sie Ihren Standort

Diese Intervention ist sehr hilfreich, wenn nach Einbruch der Krise bzw. überraschenden komplexen Situation, Klarheit in das Chaos gebracht werden soll. Insbesondere kann ein deutlicheres Bild über die mit der Situation verbundenen inneren Bilder, Haltungen und Motivation hergestellt werden. Das gilt besonders, wenn das Selbstvertrauen bzw. Vertrauen angekratzt ist und man sich als Führungskraft energielos und demotiviert fühlt.

Die Standortbestimmung bietet sich als Startpunkt für die Krisen-/Komplexitätsbewältigung an, da sie direkt an der Selbstführung ansetzt und die inneren Landkarten der Selbststeuerung klar macht. Sie bietet die Möglichkeit, sich wieder besser navigieren zu können.

7.2.1.1 Herausforderung/Problemstellung
Einer oder mehrere Punkte der folgenden Problemstellung treffen zu und bereiten Ihnen „Kopfzerbrechen".

- Die Geschäftszahlen sind deutlich schlechter als gewohnt.
- Die Situation erscheint unübersichtlich.
- Das Geschäft läuft über einen längeren Zeitraum schwierig und lässt sich mit den üblichen Mitteln nicht in den Griff bekommen.

- Das Vertrauen ins Unternehmen und in die Führung scheint zu schwinden.
- Sie erkennen Ihren eigenen Standort im Unternehmen/Bereich nicht mehr so genau wie früher.
- Die (Beziehungs-)Verhältnisse scheinen sich deutlich verändert zu haben.
- Aktivitäten erscheinen sehr hektisch, turbulent und ungeplant.
- Der Energieaufwand, um Ergebnisse zu erreichen, ist deutlich höher als sonst.
- Die Kollegen und Mitarbeiter sind gereizt und/oder deutlich unmotiviert.
- Die Kollegen und Mitarbeiter zeigen sich über einen längeren Zeitraum unmotiviert.
- Die Emotionalität (Ärger, Frustration, schlechte Stimmung) im Unternehmen bzw. in Ihrem direkten Umfeld nimmt zu.
- Ihnen selber fällt es schwer, sich zu motivieren und Energie aufzubringen.
- Ihre Stimmung im Arbeitsalltag und -umfeld ist häufiger und länger als sonst schlecht.
- Sie sind pessimistisch und skeptisch eingestellt.

7.2.1.2   Ziele/Nutzen

- Wieder mehr Klarheit über die eigene Situation gewinnen.
- Übersicht und Reflexion über die veränderten und sich weiterentwickelnden (Beziehungs-) Verhältnisse bekommen.
- Selbstbesinnung – was passiert eigentlich wirklich gerade mit mir und meinem Umfeld?
- Sich selber „ungeschminkt" verdeutlichen, wie man die Lage einschätzt.
- Einen Blick für die eigene Motivationslage und Einstellung bekommen.
- Sich über die eigene Effektivität im Führungsverhalten in der momentanen Situation bewusst werden.
- Sich über die eigene vorhandene Energie und vorhandene Führungs-Kraft bewusst werden.
- Sich über Nähe, Distanz sowie über (mangelnde) Unterstützung im Umfeld klar werden.
- Sich bisher nicht identifizierter Ressourcen bewusst werden, die unterstützen könnten.

7.2.1.3   Vorgehen

Zur Verdeutlichung der Situation stellen Sie sich u. a. folgende Fragen:

- Wie stehe ich zur augenblicklichen Lage unseres Unternehmens? („sehr skeptisch" – „Wir werden es schaffen")

- Wie hoch ist mein Vertrauen zum/r Vorstand/Geschäftsführung? (hoch – niedrig)
- Wie schätze ich meine Situation bzw. meine Überlebenschancen im Unternehmen ein? (hoch – niedrig)
- Wie hoch ist meine Eigenmotivation, mich voll einzusetzen? (hoch – niedrig)
- Wie ist meine innere Haltung gegenüber unserem Unternehmen zum jetzigen Zeitpunkt? („distanziert" – „voll dabei")
- Wie hoch war mein Energieniveau in den vergangenen zwei Monaten? (hoch – niedrig)
- Wie erlebe ich heute mein Führungsverhalten der letzten zwei Monate (wirkungsvoll – wirkungslos)
- Wo stehe ich jetzt?

Führen Sie dazu eine Positionierung mit Figuren (z. B. Playmobil, siehe Abb. 7.1) durch, die den Standpunkt und das Beziehungsgefüge plastisch verdeutlichen können. Markieren Sie z. B. auf einem Schreibtisch jeweils einen Pluspunkt an einem Ende und einen Minuspunkt am anderen Ende. Stellen Sie die Figuren, die Sie selber darstellen sollen, jeweils an der Stelle der Skala auf, an der Sie sich gerade sehen. Lassen Sie die jeweilige Aufstellung der Figur eine Weile auf sich wirken und hinterfragen Sie für sich selber genau, warum Sie diese Position gewählt haben.

Am wirkungsvollsten ist es, wenn Sie diese Reflexionsübung mit einem Vertrauten (am besten eine befreundete Führungskraft aus demselben Unternehmen) oder sogar mit einer Gruppe von bekannten Führungskräften aus Ihrem persön-

Abb. 7.1 Standortdiagnose

lichen Netzwerk durchführen und sich gegenseitig als konstruktiv-kritische Sparringspartner nutzen. Jeder kann dann für sich eine Playmobilfigur wählen. Sie können genauer die Einschätzung von sich selber und den Kollegen hinterfragen, sich
ein gemeinsames Bild über die Situation schaffen und sich Feedback geben. Falls
Sie keine Playmobilfiguren zur Hand haben, können Sie auch andere Gegenstände
zur Aufstellung wählen, die gerade im Büro vorhanden sind.

7.2.1.4 Variationen im Vorgehen

Falls Sie keine Erfahrung mit einem solchen plastischen Vorgehen haben oder nicht
wissen, wie Sie die o. g. Variante umsetzen können, bietet sich eine einfache klassische Variante an. Sie halten die Fragen mit Ausprägungen (z. B. hoch, mittel, niedrig
oder 1–10) visuell fest – z. B. auf einem Flipchart oder einem Blatt Papier – kreuzen
die Ausprägungen entsprechend Ihrer Einschätzung an und analysieren anschließend.

Eine weitere, eher komplexe und fortgeschrittene Variante ist, die Aufstellungs-
arbeit real mit sich selber und/oder einer Gruppe von vertrauten Führungskräften
durchzuführen, wodurch die Wirkung, durch das persönliche Empfinden in der
Aufstellung verstärkt wird.

Rahmenbedingungen

- **Zeit**
  allein ca. 30–45 Minuten
  in der Gruppe ca. 60–90 Minuten
- **Teilnehmer**
  Sie allein oder mit einer oder mehreren Führungskräften aus Ihrem persönlichen Netz-
  werk
- **Räumliche Erfordernisse**
  Allein oder mit Partner – im Büro.
  Mit einer Gruppe von Führungskräften in einem Besprechungsraum. Tische und Stühle
  ggf. zur Seite räumen, falls Sie eine Realaufstellung durchführen.
- **Hilfsmittel**
  Je nach Variation, Playmobilfiguren, Bürogegenstände, Flip oder Papier.

7.2.1.5 Anmerkungen zur Wirkungsweise

Diese Übung kann eine sehr nachhaltige, einleuchtende und plastische Darstellung
über die Situation erzeugen. Manchmal kann dies schockierend sein – durchaus im
positiven Sinne, dass Klarheit über die Situation, die Belastungen und die möglichen Ursachen eintritt. In den meisten Fällen ist dies mit stärkeren emotionalen

Reaktionen verbunden, die aber positiv wirken können, in dem Sie sie veranlassen, Handlungen zur Verbesserung der Situation einzuleiten oder intensiver über Lösungen nachzudenken. Die Übung schafft aus unserer Erfahrung heraus größere Offenheit, mit der Situation umzugehen und führt zu mehr Zuversicht. In der Gruppe entsteht meist ein Gemeinschaftsgefühl, das verbindet, stärkt und gemeinsam veranlasst, die Situation zu verändern und Mut zu fassen.

7.2.1.6 Wissenswertes

Krisen und Komplexität haben die Eigenschaft, hohe Irritation zu erzeugen, da sie die bestehenden Verhältnisse deutlich „stören", durcheinander wirbeln und hohe Dynamik erzeugen. Dies hat für das Individuum in mehrfacher Hinsicht und auf vielen Ebenen Auswirkungen – mental, emotional, energetisch und häufig sogar körperlich. Die Bestimmung des Standorts sowohl auf der „rationalen", sachlichen Ebene, auf der Beziehungsebene mit dem Umfeld als auch auf der persönlich Ebene im Sinne innerer Bilder, Haltungen, der Motivation sowie der eigenen Energie führt dazu, sich selber wieder zu zentrieren, ein Stück Gelassenheit zurück zu gewinnen und eine „objektivere" Sichtweise auf die Situation zu bekommen.

Das erhöht wiederum das eigene Energieniveau, um kraftvoller und reflektierter handeln zu können. Gleichzeitig wird deutlich, wie sich die eigene Landkarte verändert hat. Hieraus lassen sich erste persönliche Handlungsfelder ableiten. Diese beginnen häufig damit, die inneren Bilder und die Motivation zu verändern, die vielleicht auch dazu geführt haben, sich ohnmächtig zu fühlen und eigene aktive und angemessene Reaktionen/Aktionen zu verhindern.

Klarheit über den eigenen Standort ist auch die Grundlage für ein schlagkräftiges und konsequentes Vorgehen in der Business Adjustierung und setzt neue produktive Energie frei, um den „Turn around" und den „Change" zu ermöglichen.

> ▶ **Expertentipp** Die Übung hat die höchste Wirkung, wenn Sie sie nicht allein machen. Hier geht es darum, eine kritische und „ungeschminkte" Bestandsaufnahme zu machen. Ein Sparringspartner hilft zu fragen/nachzufragen, Feedback, Anmerkungen und Anregungen zu geben, sowie den Dialog zu fördern. Am besten ist ein vertrauensvoller und geübter Partner aus ihrem persönlichen (Führungskräfte-)Netzwerk. Noch besser ist die Durchführung in einer Gruppe, die ein hohes Interesse an ähnlichen Lösungen hat und die Fähigkeit besitzt, auch kritische Themen konstruktiv zu verarbeiten. In vielen Fällen können Sie auch geschulte Experten aus der Personalabteilung unterstützen. Sollten Sie über solche Unterstützung nicht verfügen, bietet sich auch ein externer

Berater/Coach an. In besonders schwierigen Fällen ist dies ebenfalls ratsam, da der externe Experte genügend Distanz und Neutralität besitzt und häufiger in solchen Situationen arbeitet und damit ein größeres, praktisches Erfahrungswissen im Einsatz solcher Tools hat.

7.2.2 Finden Sie Ihre Stärke

Krisen verursachen bei den involvierten Personen fast immer Hilflosigkeit, teilweise bis hin zur Lähmung und (Schock-) Starre. Selbstzweifel, Unsicherheit und Jammern treten häufig auf. Diese Gefühle sind normal und werden zur Verarbeitung der Situation benötigt. Sie ermöglichen aber keine Energie für Lösungen. Ein wichtiger Schritt für Führungskräfte ist, sich aus der Gefühlssituation auch wieder zu befreien, sich seiner alten und neuen Stärken sowie Ressourcen bewusst zu werden.

Diese Übung ist eine Möglichkeit, sich seiner Stärken (wieder) bewusst zu werden und erste Ansätze für eine Veränderung bei sich selber als Führungskraft einzuleiten. Diese Intervention ist hilfreich im Anschluss an das Tool: „Bestimmen Sie Ihren Standpunkt" zu nutzen oder direkt als Startpunkt für die Krisen-/Komplexitätsbewältigung. Sie setzt direkt an der Selbstführung an, da sie vorhandene Ressourcen und Stärken freilegt, die für die Führung benötigt werden.

7.2.2.1 Herausforderung/Problemstellung

- Sie stellen fest, dass Sie in der Führung zurzeit öfter wirkungslos sind.
- Sie fühlen sich kraft- und energielos.
- Der Druck von oben und/oder von der Seite und/oder von unten ist hoch bzw. nimmt zu.
- Sie wirken ziel- und orientierungslos.
- Die Folgebereitschaft Ihrer Mitarbeiter nimmt ab.
- Ihr Team erscheint desorientiert und energielos.
- Ihnen fehlt die Kreativität/geht die Kreativität aus.
- Es fällt Ihnen schwer, Entscheidungen zu treffen.
- Es fällt Ihnen schwerer, sich zu konzentrieren und sich zu fokussieren.
- Häufiger haben Sie den Eindruck, nicht die richtigen Dinge zu tun.

7.2.2.2 Ziele/Nutzen

- Zurückgewinnung von Selbstbewusstsein und Kraft
- Wiedergewinnen des Glaubens an sich selbst

- Aufzeigen von Veränderungs- und Lösungsmöglichkeiten in der eigenen Führung
- Stärke durch Reflexion und Selbstverantwortung
- Wiederaufbau von Entscheidungssicherheit und -stärke
- Wiederherstellen der eigenen Führungswirkung auf die Mitarbeiter und das Umfeld
- Verbesserung des Selbstmanagements
- Verbesserung des Führungshandelns

7.2.2.3 Vorgehen

Stellen Sie sich schonungslos folgende Fragen, auch wenn es unangenehm sein sollte:

- Was muss ich ändern, um eine bessere (Führungs-)Wirkung zu erzielen?
- Welche Handlungsoptionen habe ich?
- Wo kann ich jetzt ein- und angreifen?
- Worauf konzentriere ich mich?
- Was kann ich tun, um Kraft zu bekommen?
- Bin ich gut positioniert?
- Wie wirke ich auf meine Mitarbeiter?
- Welche Energie strahle ich aus?
- Welche Entscheidungen muss ich treffen?
- Welche Ressourcen habe ich schon zur Verfügung und welche brauche ich noch?
- Welche Stärken und Erfahrungen besitze ich, die ich einsetzen kann?
- Welche habe ich schon eingesetzt? Waren Sie funktional oder dysfunktional?
- Welche habe ich noch nicht eingesetzt?
- Welche Stärken habe ich entdeckt, die ich nicht kannte, die aber jetzt zu wirken scheinen?
- Welche Stärken bräuchte es? Könnte ich diese haben? Könnte ich Sie einsetzen?
- Wer könnte mich unterstützen?
- Mit wem kann ich eine Allianz bauen?
- Wem kann ich vertrauen?
- Was muss ich mehr machen, was weniger, was sollte ich sein lassen?

Diese Übung ist ideal für ein kollegiales Coaching/Zweiergespräch. Sie können dieses mit vertrauten Führungskollegen wechselseitig durchführen.

Anschließend können Sie sich Feedback geben, wie der jeweils andere die Einschätzungen des Kollegen sieht, wo er schon auf einem guten Weg ist, wo es noch Potenzial gibt und wo er auf dem Holzweg zu sein scheint.

Anschließend empfiehlt sich eine Auswertung des Gesprächs.

7.2.2.4 Fragen für die Auswertung des Gesprächs

- Was bedeutet das Ergebnis für mich persönlich?
- Was bedeutet das Ergebnis für mich in meinem Führungsalltag?
- Welche Wirkung ergibt sich für die MA?
- Welche Konsequenzen ergeben sich für mein Führungshandeln ...
- ... bzgl. meiner Vorgesetzten?
- ... bzgl. meiner Kollegen auf der gleichen Ebene?
- ... bzgl. meiner MA?
- Welche ersten Ideen zur Veränderung habe ich?
- Was nehme ich mir vor zu ändern?
- Welche Dinge muss ich in Angriff nehmen?

Monitoring Wichtig ist, dass Sie die Ergebnisse und Erfahrungen zeitnah nachhalten (zu Beginn am besten einmal die Woche. Nach einem Monat die Zeitabstände erhöhen.)

Dies bringt Sie dazu, Dinge, die Sie verändern oder in Angriff nehmen wollten, auch umzusetzen. Wenn Sie dies regelmäßig anwenden, können Sie sich gegenseitig Kraft und Unterstützung geben, die Sie brauchen werden. Sie können Erfahrungen und Erfolge austauschen, was wiederum Kraft gibt und eine kleine „Erfolgsspirale" in Gang setzen.

Misserfolge und Rückschläge lassen sich zusammen besser verdauen. Blinde Flecken werden vermieden und auch unliebsame Dinge reflektiert.

7.2.2.5 Variationen im Vorgehen

Falls Sie keinen Partner finden, ist eine Durchführung allein ohne weiteres möglich. Die Wirkung ist aber in der Regel geringer, da kein kritisches Rückfragen und Reflektieren möglich ist. Halten Sie Ihre Ergebnisse schriftlich fest und kontrollieren Sie regelmäßig den Fortschritt.

Alternativ können Sie sich einen professionellen Sparringspartner aus der Personalabteilung oder einen externen Coach hinzuziehen.

Hintergrundinformationen

- **Zeit**
  allein ca. 30 Minuten
  zu zweit ca. 60–90 Minuten

- **Teilnehmer**
  Zu zweit oder Sie allein

- **Räumliche Erfordernisse**
  Ruhiges Büro oder Spaziergang an der frischen Luft (siehe auch „Bestimmen Sie Ihren Standort".)

- **Hilfsmittel**
  Papier, Stift oder Flip.

7.2.2.6 Anmerkungen zur Wirkungsweise

Diese Übung kann eine sehr direkte Wirkung erzielen, indem sie unmittelbar an möglichen Handlungsfeldern ansetzt. Sie bringt Impulse für Veränderungen und zeigt deutlich und konkret Lösungsmöglichkeiten im Selbstmanagement, der Führungswirkung und im Führungshandeln auf. Besonders wirksam ist es, solche Handlungsoptionen zu wählen, die entweder eine große Hebelwirkung haben oder einfach, schnell und pragmatisch sind. Nachhaltig wird diese Übung durch sukzessive Ausweitung des erarbeiteten Handlungsrepertoires und konsequentes Monitoring und verbessern. Sie baut schnell neues Selbstbewusstsein auf und führt wieder in die Führungs-Kraft.

7.2.2.7 Wissenswertes

In der Krise und unter dem Druck der Komplexität reduziert sich der Blickwinkel. Biologisch gesehen verengen wir den Lösungsraum, den wir sehen. Wir versuchen ggf. mit aller Gewalt durch ein Nadelöhr zu gehen, obwohl nebenan die Tore weit offenstehen, was aber nicht gesehen wird.

Allein schon die gedankliche Wiedereröffnung von Lösungsräumen führt zu Handlungsimpulsen und Selbstsicherheit. Über Lösungen und Handlungsmöglichkeiten zu verfügen, bringt immer mehr Sicherheit, Zuversicht und Kraft in das eigene Tun. Möglichkeiten für pragmatisches Führungshandeln werden aufgezeigt und es wird direkt dort angesetzt, wo es am wirkungsvollsten ist.

Trial und Error ist in einer unübersichtlichen Situation hilfreich, insbesondere dann, wenn es keine Patentrezepte gibt. Entscheidend ist bei einem Trial und Error Vorgehen, dass mögliche Wirkungen und Konsequenzen reflektiert und Hypothesen diesbezüglich aufgestellt (Modellbildung) sowie Anpassungs- und Lernschleifen geplant und durchgeführt werden. Dies stellt sicher, nicht in Aktionismus zu verfallen, sondern tatsächlich eine Schritt für Schritt Verbesserung und Veränderung zu erreichen.

▸ **Expertentipp** Sparringspartner sind hilfreich für Ideenfindung und kritische Korrektur, um sich nicht von der Lähmung und eingeschränkten

Handlungs- und Denkweise direkt in unproduktiven Aktionismus zu stürzen.

7.2.3   Nahrungslandkarte

Energie und Kraft sind, wie bereits gezeigt, eine wichtige Grundlage, um in der Krise handlungsfähig zu sein. Um genügend Kraft und Energie zu haben oder diese gar noch zu steigern, ist Nahrung im weitesten Sinne notwendig.

Diese Übung dient dazu, sich über seine Nahrungsquellen klar zu werden und diese ggf. zu optimieren, auszuweiten, auszugleichen oder neue Felder der Nahrungsgewinnung zu erschließen. Dies kann auch bedeuten, die gesamte Lebensführung zu verändern (marginal oder auch radikal) oder wieder zu sich selbst zurück zu finden, falls uns die Krise aus unserer Kraft und Energie geworfen hat.

Diese Intervention ist ein klassisches Tool der Selbstorganisation und Regeneration. Im Wesentlichen dient es zur Reflexion und Verbesserung der eigenen Selbstführung in diesen Bereichen. Vorhandene Ressourcen und Stärken werden freigelegt, die für Führung benötigt werden. Es reicht aber auch sehr stark in den privaten Bereich hinein. Im Sinne einer guten Selbstführung ist es unvermeidlich, diesen Bereich mit zu beachten.

7.2.3.1   Herausforderung/Problemstellung

* Sie fühlen sich kraft- und energielos.
* Sie wirken wirkungs- und orientierungslos.
* Die Folgebereitschaft Ihrer Mitarbeiter nimmt ab.
* Sie fühlen sich desorientiert.
* Ihnen fehlt Kreativität.
* Es fällt Ihnen schwerer, sich zu konzentrieren und zu fokussieren.
* Sie sehen keinen Sinn mehr in den Dingen, die sie tun.
* Sie fühlen sich körperlich, geistig und emotional unwohl.
* Ihnen geht leichter die „Kondition" aus bzw. sind schneller nervös und unausgeglichen.

7.2.3.2   Ziele/Nutzen

* Zurückgewinnung von Kraft und Energie
* Aufzeigen von Veränderungs- und Lösungsmöglichkeiten in der eigenen Selbst-/Lebensführung

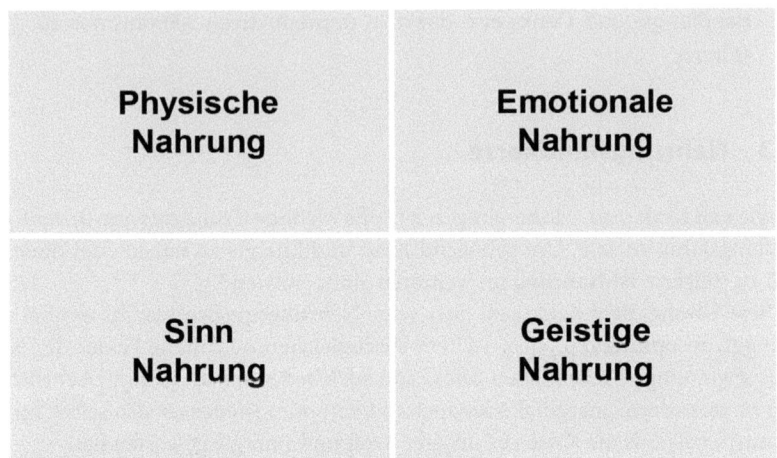

Abb. 7.2 Nahrungslandkarte

- Stärke durch mehr Reflexion und Selbstverantwortung in der Selbstführung
- Rückgewinnung von Ausgeglichenheit und innerer Ruhe
- Stärkung der Kondition – körperlich, emotional, mental
- Rückgewinnung von mehr Sinn im eigenen Leben und Handeln
- Mehr bzw. besser genutzter Raum und Zeit zur Rekreation
- (Wieder-)Aufbau von privaten Netzwerken und positiven Beziehungen

7.2.3.3 Vorgehen

Nutzen Sie zu dieser Arbeit die unten stehende Matrix und die einzelnen Quadranten der Nahrungslandkarte mit den Nahrungsfeldern (siehe Abb. 7.2).

Bevor Sie mit der Arbeit beginnen, eine kurze Beschreibung der einzelnen Felder:

Physische Nahrung	Hierzu zählt alles, was Ihren Körper ernährt. An erster Stelle natürlich Essen, Trinken und ganz wichtig Atmen. Sowohl Quantität als auch Qualität spielen hier eine große Rolle. Ob Sie unausgewogen essen und trinken oder sich gesund ernähren und Energie erzeugende Lebensmittel zu sich nehmen, hat eine große Wirkung. Frische und Qualität der Lebensmittel spielen ebenso eine Rolle. Hier ist meist mit wenig Aufwand eine große Verbesserung möglich. Atmung ist ein zentraler Energiespender. Atmen Sie tief oder flach, langsam oder schnell. Schnelles und flaches Atmen vermindert die Energie. Weiterhin zählen hierzu auch Bewegung, Sport und Arbeit mit dem eigenen Körper. Wenn Sie sich wenig bewegen und keinen Sport treiben, haben Sie grundsätzlich weniger körperliche Energie und Kondition zur Verfügung. Aber auch exzessive Bewegung und Sport – z. B. Leistungs- und Extremsport können hinderlich sein, wenn sie zu Überbelastung und Stress für Körper und Geist führen.
Emotionale Nahrung	Dieser Bereich bezieht sich auf Ihre emotionale Situation sowie Ihre zwischenmenschlichen Beziehungen und Kontakte. Auch hier sind Quantität und Qualität relevant. Der emotionale Bereich umfasst Ihre Welt der Emotionen und Gefühle. Der konstruktive und bewusste Umgang mit Emotionen spielt eine zentrale Rolle. Weiterhin ist Ihre Beziehungslandkarte eine Beachtung wert. Kontakte sowohl in Quantität als auch in Qualität zu Familienmitgliedern, Freunden und Bekannten haben eine nicht zu unterschätzende Wirkung auf Ihr Selbstwertgefühl, die Unterstützung, die Sie brauchen, und damit indirekt auf Ihre Selbstführung.
Geistige Nahrung	Unter geistiger Nahrung sind alle Aktivitäten zu sehen, die Sie geistig und mental beschäftigen bzw. die sie aktiv unternehmen. Dies können Aktivitäten im Rahmen Ihrer Arbeit sein, die sie fordern und fördern. Das können aber auch private Unternehmungen sein wie Lesen, der Besuch von kulturellen Veranstaltungen, kreative Aktivitäten wie Schreiben, Malen, Musizieren etc.. Hierzu gehören auch alle Aktivitäten des Lernens und sich Weiterbildens. Anregende Gespräche und Diskussionen können ebenso dazu gehören, wie Rätsel zu lösen. Unser Gehirn benötigt geistige Aktivität, insbesondere auch neue und herausfordernde Tätigkeit, auch und gerade abseits der Routinetätigkeit, um nicht einzurosten. Ganz besonders in belastenden Situationen, in denen die Sichtweise eingeschränkt ist, kann neue, kreative, geistige Aktivität belebend und nährend wirken. Neurobiologisch gesehen entwickeln sich neue neuronale Bahnen, die im wahrsten Sinne des Wortes Sie selber auch in andere Bahnen lenken können.
Sinn Nahrung	Die positiv beantwortete Frage nach dem Sinn des eigenen Tuns ist eine wichtige nährende Quelle. Wer Sinn in seinem Tun und Leben sieht und erfährt (beruflich und/oder privat), fühlt sich mehr mit dem Leben verbunden und dies erzeugt mehr Energie und Kraft. Hierzu kann die Beschäftigung mit Zukunftsfragen stehen, ebenso wie spirituelle bzw. religiöse Aktivitäten sowie die Beschäftigung mit Werten und übergeordneten Lebenszielen.

Schritt 1 Notieren Sie sich zu den jeweiligen Feldern alle Aktivitäten, die Sie zurzeit unternehmen und wie viel Zeit dies jeweils beansprucht.

Schritt 2 Hinterfragen Sie Ihre Aktivitäten:

- Tue ich genug für mich in den einzelnen Feldern?
- Ist die Verteilung für mich richtig und gut? Grundsätzlich und wie sieht es zurzeit aus?
- Nehme ich mir genügend Zeit für meine „Nahrungsaufnahme"?
- Fehlt mir etwas? Wenn ja, was?
- Ist die Qualität der Nahrung gut oder kann ich etwas im Einzelnen verbessern?
- Würde sich die Qualität der Nahrungsaufnahme verbessern, wenn ich die Verteilung ändern würde?

Schritt 3 Ändern Sie etwas an Ihrer Nahrungslandkarte, falls erforderlich:

- Was könnte ich in den einzelnen Feldern tun, um meine Nahrung zu verbessern?
- Was könnte ich insgesamt tun, um die Nahrung zu verbessern? Bessere Verteilung, Synergien nutzen, sich „Nahrungselemente" ergänzen lassen etc.
- Was könnte ich weglassen, das nichts bringt oder das heute zusätzlichen Stress bedeutet?
- Habe ich Zeit, um zusätzlich etwas für mich zu tun?
- Wenn ja, was kann ich tun, damit ich es umsetze?
- Wenn nein, wie kann ich zusätzliche Zeit gewinnen?
- Was könnte ich reaktivieren, was mir gut tut und was ich nicht mehr mache oder vernachlässigt habe?
- Was könnte ich qualitativ verbessern?
- Was könnte ich zusätzlich neu machen oder ausprobieren, was ich interessant finde oder immer schon einmal machen wollte?
- Wo könnte ich Unterstützung bekommen?
- Kann ich zeitlich weniger arbeiten und mich dafür die besser „ernähren", um dann die Arbeitsergebnisse trotzdem zu liefern, dank höherer Konzentration und Produktivität und mich gleichzeitig besser zu fühlen?

Schritt 4 Halten Sie die Ergebnisse schriftlich fest, gehen Sie in die Umsetzung und monitoren Sie konsequent.

Diese Übung ist ideal für ein Coaching/Zweiergespräch. Dieses Mal bieten sich jedoch auch Freunde und Familie an, da diese Sie wesentlich besser im Privaten und als Person einschätzen können, als ggf. Berufskollegen. Auch das Monitoring ist mit Familie und Freunden konsequenter möglich. Gute Freunde bekommen in der Regel besser mit, ob sie das, was Sie sich vorgenommen haben, auch umsetzen und ob Sie besser auf sich aufpassen und die Umsetzung auch positive Wirkungen auf Sie hat.

Rahmenbedingungen

- **Zeit für die Übung**
  allein ca. 30 Minuten
  zu zweit ca. 60–90 Minuten
- **Teilnehmer**
  Zu zweit oder Sie allein
- **Räumliche Erfordernisse**
  Zu Hause an einem ruhigen Ort oder Spaziergang an der frischen Luft
- **Hilfsmittel**
  Papier und ein Stift

7.2.3.4   Anmerkungen zur Wirkungsweise

So einfach und so effektiv! Gerade in Zeiten hoher Belastung und Krisen gerät schnell einmal der wohlwollende und nährende Blick auf einen Selbst ins Hintertreffen. Und gerade dann, wenn man es am Dringendsten brauchen würde. Man ist zeitlich, gedanklich und emotional immer mehr auf der Arbeit. Man kümmert sich weniger um den Körper, die Familie, Freunde, Hobbies oder Sinnfragen. Schnell wird Alles und Jedes dem Krisenmanagement untergeordnet. Und genauso schnell kommt man selbst zu kurz.

Dabei ist hervorragende Selbstorganisation gerade unter großen Belastungen von Krise und Komplexität enorm wichtig, um weiterhin handlungs- und leistungsfähig zu bleiben, Energie und Kraft aufzutanken, seinen Mitarbeitern diese Kraft auch weitergeben zu können, Störungen durch unkluges Führungshandeln zu vermeiden und weiterhin gute Entscheidungen zu treffen. Entscheidungen sind dann am effektivsten, wenn man möglichst ausgeglichen ist und den Kopf frei hat. Damit das möglich wird, braucht es Ausgleich und entsprechende persönliche „Nahrung" und ein gezieltes und bewusstes Auftanken.

7.2.3.5   Wissenswertes

Die einzelnen Felder der Nahrungslandkarte stehen in mehr oder weniger großer Abhängigkeit und Wechselwirkung zu einander. Zum einen bilden Körper und Geist biologisch und neurobiologisch eine Einheit. Damit hat die physische Nahrung immer auch Effekte auf alle anderen Quadranten der Nahrungslandkarte und umgekehrt. Der Körper bildet dabei allerdings immer die Grundlage für alle anderen Elemente. Mit einem Körper im schlechten Zustand ist die Wahrscheinlichkeit groß, dass dauerhaft auch die anderen Bereiche qualitativ beeinträchtigt werden. Genauso wie z. B. ein schlechter geistiger oder emotionaler Zustand langfristig körperliche Auswirkungen haben kann. Des Weiteren können die einzelnen Elemente auch in einer mehr oder weniger großen Abhängigkeit zu einander stehen. Eine Überbetonung der körperlichen Aktivität kann dazu führen, dass man weniger oder mehr Zeit für persönliche Beziehungen hat, je nachdem, welche Betätigung ich ausübe und mit wem. Jogge ich drei Mal in der Woche zwei Stunden allein, bleibt weniger Zeit für Kontakte.

Spiele ich Tennis mit meiner Familie, betreibe ich Sport und pflege ich meine Beziehung. Wichtig ist, folgendes zu beachten: Es gibt keine absoluten Größen. Jeder Mensch ist verschieden und braucht unterschiedlich viel „Nahrung" sowohl qualitativ als auch quantitativ als auch in der Zusammensetzung der einzelnen Elemente. Einige brauchen viele Menschen um sich, andere wenige, um sich gut zu nähren. Was das richtige Maß ist, können Sie am besten erleben, in dem Sie genau auf sich achten und erkennen, was Ihnen gut tut. Zuweilen ist es sinnvoll zu experimentieren, um sich selber besser zu erfahren und kennenzulernen (Stichwort Selbstbewusstsein). Vielleicht zeigt sich ja, dass Ihnen Dinge gut tun, von denen Sie gar nicht wussten, dass es sie nährt. So etwas ändert sich auch im Verlauf des Lebens. Früher war Joggen nur Qual, heute ist es Stressabbau, Spaß und Relaxen zu gleich. Experimentieren Sie. Neue Wege können hilfreich sein, gerade in einer Krise.

> **Expertentipp** Sie sollten die Versorgung der Nahrungslandkarte nicht auf die leichte Schulter nehmen. Schlechte körperliche, geistige und emotionale Verfassung führt kurz-, mittel und langfristig zu Erkrankungen. Dies kann unter hoher Belastung und je nach Veranlagung und Lebensgeschichte sehr schnell gehen. Die steigenden Krankenzahlen in Krisen zeigen dies deutlich. Und einige Erkrankungen sind so schwerwiegend, dass sie gar nicht oder nur schwer wieder korrigierbar sind.
> Bei einem ausgeprägten Burn-out werden die Nervenzellen im Gehirn teilweise so stark beschädigt, dass eine vollständige Erholung oft sehr lange braucht und manchmal gar nicht mehr möglich ist.
> Achten Sie auf sich! Auch wenn es banal erscheint: Das Wertvollste, das Sie besitzen, ist Ihr eigenes gesundes Leben.

7.2.4 Persönliche Stressmuster erkennen

Wie bereits beschrieben, machen wir in Krisenzeiten Erfahrungen, die eine tief greifende Wirkung auf uns haben und uns nicht mehr so sein lassen, wie wir früher waren. Die Krise prägt uns nachhaltig. Die Erfahrungen können positiver oder negativer Natur sein. Gerade die eher negativen Erfahrungen fordern von uns, eine neue Einstellung und damit einhergehend eine Veränderung unserer Verhaltensmuster zu finden.

Da Krisen eher zu den wenig geliebten Phänomenen unseres beruflichen Alltags gehören, lösen sie häufig Reaktionen in unserem vegetativen Nervensystem hervor, die wir als Stress bezeichnen. Das folgende Tool dient dazu, die eigenen Stressmuster zu erkennen und ggf. Veränderungen einzuleiten.

7.2.4.1 Herausforderung/Problemstellung

Führungskräfte und Mitarbeiter sind in Krisensituationen häufig mit Stress konfrontiert. Ob in der Zusammenarbeit, unter Kollegen oder im Führungsalltag, ständig treffen wir auf mehr oder weniger gestresste Personen und wir produzieren in unserem Zusammensein zusätzlichen Stress. Im Sinne einer erfolgreichen Bewältigung und eines guten Miteinanders ist es entscheidend, Stresszeichen und -muster wahrzunehmen, darauf einzugehen und sie ggfs. zu verändern.

7.2.4.2 Ziele/Nutzen

Ziel der Übung ist es, die eigenen Stressauslöser zu identifizieren und mit den zwangsläufig eintretenden körperlichen Folgen des Stresses umzugehen. Des Weiteren bietet sich die Möglichkeit, auch im eigenen Umfeld Stress bei Kollegen und Mitarbeitern wahrzunehmen und, wenn möglich, adäquat darauf zu reagieren. Meistens handeln wir in Stresssituationen nur noch wenig rational. Vielmehr sind wir in emotionalen oder instinktmäßigen Reaktionen gefangen. Gerade in einem organisationalen Kontext ist es notwendig, dass wir einen Weg zurück zum rationalen Denken und Handeln finden.

7.2.4.3 Vorgehen

Um sein persönliches Stressmanagement – oder das seiner Mitarbeiter – verstehen und verbessern zu können, ist es wichtig, sich mit den Strategien der Stressbewältigung im Alltag auseinander zu setzen.

Schritt 1 Die folgenden Fragen helfen, sich seine Stressmuster herauszuarbeiten. Halten Sie die Ergebnisse auf einem Blatt Papier oder Flipchart fest.

- Stressauslöser
  - Was sind meine Stressauslöser? Genaue Beschreibung!
  - In welchem Kontext sind sie besonders wirksam?
  - Durch Veränderung welcher Kontextbedingungen kann ich den Stress steigern bzw. reduzieren?
  - Wie ist das genaue Muster der Stressauslösung? Was ist der wichtigste auslösende Faktor?
  - Welche Emotionen sind damit verbunden?
  - Kenne ich diese Auslöser, Muster und Emotionen bereits?
  - Wenn ja, wann in meiner persönlichen Entwicklungsgeschichte sind sie zum ersten Mal aufgetreten?
  - In welchem Zusammenhang, bei welcher Situation, mit welchen Menschen, an welchen Orten?
  - Was verbinde ich damit heute noch? Was löst das heute noch in mir aus?
  - Inwieweit steht das in Verbindung zum aktuellen Stress?
- Stressverlauf
  - Wie ist der der genaue Verlauf des Stressprozesses?
  - Was passiert wann?
  - Welche Gefühle habe ich?
  - Mit welcher Handlung sind die Gefühle verbunden?
  - Kenne ich diesen Verlauf bereits? Ist dieser Verlauf typisch?
  - Wenn ja, wann in meiner persönlichen Entwicklungsgeschichte sind diese Gefühle zum ersten Mal aufgetreten?
  - In welchem Zusammenhang, bei welcher Situation, mit welchen Menschen, an welchen Orten?
  - Was verbinde ich damit heute noch? Was löst das heute noch in mir aus?
  - Inwieweit steht das in Verbindung zum aktuellen Stress?

Halten Sie bitte alle wichtigen Aussagen fest. Versuchen Sie anschließend eine Struktur in das Beschriebene zu bringen. Was ist genau erkennbar. Welches Muster wird ersichtlich und welche Zusammenhänge? Was sind die Treiber?

Schritt 2 Erarbeitung eines Zielbildes. Wie will ich mit diesem Stress und mit meinen Stressmustern umgehen?

- Wie groß ist die Notwendigkeit bzw. die Motivation zur Veränderung der Stressmuster bzw. des Stresses?
- Welche Veränderung wäre wünschenswert? Formulieren Sie eine Zieldefinition!

- Angenommen, das Ziel wäre erreicht, welche Auswirkungen gäbe es für mich und meine Umwelt? Wie würde ich mich fühlen? Was würde ich machen?

Auch hier wieder wichtig, das Zielbild so klar wie möglich zu beschreiben und auf Papier/Flipchart festzuhalten.

Schritt 3 Interventionen und Veränderungen:
Hier geht es darum, Möglichkeiten zu finden, die Stressmuster zu verändern. Folgende Fragen helfen:
Wenn ich wahrnehme, dass Stress ausgelöst wird bzw. der Stress seinen Verlauf nimmt, wie kann ich diese Auslösung bzw. den Verlauf unterbinden bzw. umlenken z.B.:

- Kann ich meine Atmung vertiefen und verlangsamen, damit ich ruhiger werde?
- Welche Körperhaltung nehme ich ein? Welche kann ich einnehmen, die den Stress verringert, z. B. lockerer werden, sich bewegen, eine aufrechtere Haltung einnehmen?
- Kann ich die Assoziationen mit der Handlung verändern, z. B. „Mein Gegenüber reagiert nicht auf mich aggressiv, sondern ist unzufrieden mit der Situation?" Wie verändert das den Stress?
- Kann ich Grenzen ziehen? Wie sieht die Grenzziehung aus?
- Mit wem bringe ich den Stress in Verbindung? Nehme ich war, dass die Person, die jetzt Stress auslöst, nicht dieselbe ist, die in der Vergangenheit Stress ausgelöst hat? Was verändert das?
- Mit welchem Ort bringe ich den Stress in Verbindung? Nehme ich war, dass der Ort, an dem ich jetzt bin, nicht derselbe ist? Was verändert das? Kann ich den Ort verändern, verlassen?

Halten Sie auch diese Erkenntnisse und Erfahrungen fest. Versuchen Sie, diese Muster zu verändern bzw. zu unterbrechen, wann immer Sie feststellen, dass Stress auftritt. Versuchen Sie so oft wie möglich, in anderer Weise mit dem Stress umzugehen. Halten Sie die Erfolge genau fest. Was haben Sie anders gemacht? Und – auch sehr wichtig und schön – wenn Sie erfolgreich waren, belohnen Sie sich. Das können auch kleine Dinge sein, aber es hilft den Erfolg zu würdigen und das Gelernte positiv bei sich zu verankern.

Rahmenbedingungen

- **Zeit für die Übung**
  60–90 Minuten

• **Teilnehmer**
  Zu zweit oder zu dritt. Mit vertrauten Personen

• **Räumliche Erfordernisse**
  Idealerweise ein ruhiger Raum mit genügend Licht und angenehmer Atmosphäre oder
  Spaziergang an frischer Luft im Grünen …

• **Hilfsmittel**
  Blatt Papier oder Flipchart und Stifte

7.2.4.4 Anmerkungen zur Wirkungsweise

Diese Übung kann tief greifende Ergebnisse über persönliche Handlungsmuster
und Persönlichkeit erzeugen, je nachdem, wie tief man hinterfragt bzw. wie genau
und ungeschminkt man hinschaut. Dies hängt auch von der Qualität unseres Ge-
sprächspartners ab. Mit Profis können Sie da in der Regel noch weiter und tiefer
kommen. Wichtig ist aber vor allem das Vertrauen. Je sicherer Sie sich fühlen, desto eher werden Sie auch an unangenehmen Stellen weiter machen und genauer
hinschauen.

7.2.4.5 Wissenswertes

Stress gehört zu komplexen Situationen und Krisen. Sind diese Situationen herausfordernd genug, löst unser Organismus automatisch Stress aus. Stressreaktionen
sind unangenehm, aber lebenswichtig. Sie aktivieren den Organismus und erhöhen
unsere Aufmerksamkeit, dass etwas geschieht, was uns bedrohlich werden könnte.
Stressreaktionen dienen dazu, Lösungen zu suchen. In der Folge können durch den
Stress auch neue Wege aufgezeigt werden, wie Krisen und komplexe Situationen
vollkommen anders gemeistert werden können. Stress kann helfen, unser Handlungsrepertoire in der komplexen Umwelt, in der wir leben, zu erweitern.

▶   **Der Sinn der Stressreaktion** Stress ist eine hilfreiche körperliche Reak-
     tion zum Überleben in der Umwelt. Ehemals nur für Notfälle gedacht,
     ist die Stressreaktion eher ein Grundmechanismus für Veränderung und
     Lernen. Ganz ohne Stress entsteht keine Leistungsbereitschaft. Ohne ein
     Wach-rütteln durch Stress bleibt unser Gehirn inaktiv (in Anlehnung an
     Hüther 2009).

Besonders deutlich zeigt Gerald Hüther dies in seinem Buch „Biologie der
Angst" (2009). Er beschreibt, wie sich unsere Nervenzellen unter dem Einfluss von
Stress verändern können. Durch die erfolgreiche Bewältigung einer mit Stress ver-
bundenen Herausforderung entsteht im Gehirn eine neue neuronale Verbindung.

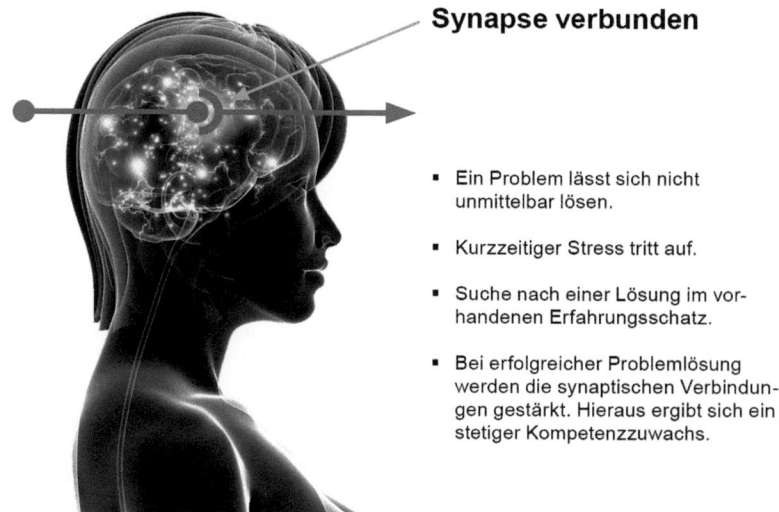

Synapse verbunden

- Ein Problem lässt sich nicht unmittelbar lösen.

- Kurzzeitiger Stress tritt auf.

- Suche nach einer Lösung im vorhandenen Erfahrungsschatz.

- Bei erfolgreicher Problemlösung werden die synaptischen Verbindungen gestärkt. Hieraus ergibt sich ein stetiger Kompetenzzuwachs.

Abb. 7.3 Stress und Synapsenbildung (in Anlehnung an Hüther)

Entstehen ähnliche Lösungen in Stress-Situationen, so wird diese „erfolgreiche" Verschaltung immer wieder aktiviert und bei wiederum erfolgreicher Bewältigung dadurch verfeinert und verstärkt. Im Laufe seines Lebens erlernt der Mensch also verschiedene Lösungsstrategien für bestimmte mehr oder weniger komplexe Herausforderungen, die sich im Gehirn in Form der oben erwähnten gespeicherten Informationen wiederfinden. Der Mensch wird immer kompetenter, immer besser und immer unempfindlicher gegenüber bestimmten Situationen, die ursprünglich Stress auslösten (Abb. 7.3).

Was passiert aber, wenn wir in Situationen geraten, in denen die bisher erfolgreich angewandten Muster nicht zum Erfolg führen? Wenn in unserem Gehirn keine Lösung gefunden wird, sich also keine entsprechende Verbindung findet, gehen zusätzliche Alarmglocken in Körper und Gehirn an. Die Situation ist unkontrollierbar geworden, Angst kommt auf und Stress entsteht. Bei dieser Art von Stressreaktion produziert der Körper in großen Mengen das Stresshormon Cortisol, das mit verschiedenen anderen Hormonen (Corticotropin-Releasing Homon, Adrenalin und mehreren Neurotransmittern wie Noradrenalin, Dopamin, Serotonin, GABA und Glutamat) zusammenarbeitet. Die anfängliche Angst kann sich bis zur Verzweiflung, Ohnmacht, Hilflosigkeit steigern. Die andauernde Belastung zehrt die letzten Energiereserven auf, wir sind von Selbstzweifeln geplagt und fühlen uns

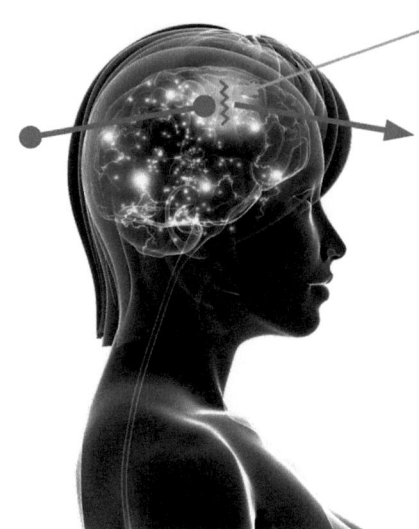

Synapse getrennt

- Eine neue, unbekannte Situation, lässt sich nicht durch bekannte Erfahrungen bewältigen.

- Lang anhaltender Dauerstress wird ausgelöst.

- Die vorhandenen Synapsen werden plastisch und lösen sich auf und entkoppeln sich.

- Nach und nach entsteht eine Neuverschaltung der Synapsen und es besteht die Möglichkeit für einen Neuanfang.

Abb. 7.4 Stress und Synapsenauflösung (in Anlehnung an Hüther)

müde und kraftlos. Dieser Stress kann Tage, Wochen, aber auch Monate andauern. Ein solcher Dauerstress bewirkt im Gehirn, dass sich Verschaltungen (Nervenbahnen) zurückbilden – vor allem diejenigen, die für unsere eingefahrenen Strategien zuständig waren. Das bisherige Lösungssystem wird destabilisiert. Die Nerven verfallen in eine Art Winterschlaf, und die alten gebahnten Hirnverbindungen lösen sich auf. Alte Erfahrungen werden beseitigt, und es wird Platz für neue Ideen geschaffen. Dadurch, dass diese Ideen sich ihre Verbindungen komplett neu bahnen müssen, ist es möglich, dass sich völlig neue, unvorhersehbare Wege eröffnen. Wir erweitern unser Handlungsrepertoire, verändern uns, lernen dazu und werden ggf. flexibler (Abb. 7.4).

Stress und den auslösenden Belastungen stehen auch persönliche Ressourcen gegenüber, die uns stärken und uns helfen, Belastungen auszuhalten. Stressstabile Menschen verfügen über eine intakte Konstitution. Sie können trotz erheblicher Widrigkeiten ihre persönlichen Kräfte aktiveren und auf diese Weise ihren Selbstwert stärken. Der Stolz auf eigene Erfahrungen und Kompetenzen trägt in hohem Maße dazu bei, schwierige Situationen und Belastungen zu meistern. Stabilisierend wirken auch gute soziale Beziehungen im Familien- und Freundeskreis, während sich isolierte Menschen unter Belastung weiter zurückziehen und eher einzubrechen drohen (Hansen und Osterhold 2003, S. 169).

▸ **Expertentipp** Vertrauen Sie auch auf soziale Unterstützung und nicht
nur auf individuelle Stressbewältigung, wie sie in Form von Anti-Stress-
Programmen, individuellen Fitness-Plänen oder Ausdauersport ange-
priesen werden. Wichtig ist auch, Freundschaften und Beziehungen zu
intensivieren.

7.2.5 Kleine Entscheidungshilfe

Unter Bedingungen von Komplexität und Krise effektive und passende Entscheidungen zu treffen, fällt nicht nur Führungskräften besonders schwer. Zur Erinne-
rung – Komplexität und Krise zeichnen sich besonders aus durch:

- Mangelnde Transparenz
- Hohe Dynamik
- Vielschichtige, offene, nicht genau definierte und teilweise sich widersprechende
  Ziele
- Hohen Zeitdruck
- Viele Variablen und unterschiedliche Beeinflussungsfaktoren
- Hohe Vernetztheit und eine Vielzahl von Wechselwirkungen, deren Konsequen-
  zen und Risiken nicht bekannt sind

Dies hat entsprechende Auswirkungen auf uns als Menschen und auf unser Entscheidungsverhalten:

- Eingeschränktes Kompetenzempfinden
- Stress- und Schutzreaktionen
- Mangelnde Energie
- Kein klarer Kopf
- Schwierigkeit, eine Entscheidung zu treffen oder
- Entscheidungen werden zu schnell getroffen
- Rational kann das Problem nicht eingegrenzt werden

Gerade in komplexen Sachverhalten und Krisensituationen spielen wie bereits
beschrieben Vor- und Unterbewusstes sowie Emotionen und Körper eine große
Rolle im (Entscheidungs-)Verhalten. Die Koppelung von rationalem sowie intui-
tivem Vorgehen bringt bessere Entscheidungsergebnisse im Vergleich zur Nutzung
nur eines Vorgehens. Insofern erscheint es hilfreich, rationale und emotionale Prozesse bei der Entscheidungsfindung gezielt miteinander zu verknüpfen. Die folgende Übung unterstützt Entscheidungsprozesse und hilft, beide Prozesse zu integrieren.

7.2.5.1 Herausforderung/Problemstellung

- Sie müssen eine komplexe Entscheidung treffen.
- Sie sind sich nicht sicher, was die beste Entscheidung ist.
- Viele unterschiedliche Lösungs-/Entscheidungsmöglichkeiten sind vorhanden.
- Sie haben Zweifel an Ihren vorgedachten Lösungen.
- Sie wollen möglichst „auf Nummer sicher" bei der Entscheidungsfindung gehen.

7.2.5.2 Ziele/Nutzen

- Überprüfung der Entscheidungsfindung
- Sicherstellung einer Entscheidung, zu der Sie ganz stehen können (bewusst, emotional und körperlich)
- Nutzung Ihrer „ganzen Intelligenz" und möglichst allen Wissens, das Ihnen zur Verfügung steht
- Möglichst viel Klarheit bei der Entscheidungsfindung

7.2.5.3 Vorgehen

Schritt 1   Sammeln Sie möglichst alle relevanten Daten, Inhalte und Informationen für die Entscheidungsfindung. Bewerten Sie die Informationen. Formulieren Sie Ziele und bilden Sie Lösungsmodelle. Bewerten Sie die unterschiedlichen Lösungsmodelle. Suchen Sie die besten 2–3 Varianten heraus.

Schritt 2   Stellen Sie in einem Raum vier leere Stühle auf.

Stuhl 1 steht für Entscheidungs-/Lösungsmöglichkeit 1

Stuhl 2 steht für Entscheidungs-/Lösungsmöglichkeit 2

Stuhl 3 steht weder für Entscheidungs-/Lösungsmöglichkeit 1 noch für 2 sondern für eine ganz andere Lösungsmöglichkeit, die auch intuitiv und spontan gewählt werden kann. Vielleicht Ihre (emotionale) „Lieblingsmöglichkeit", die aber in der rationalen Bewertung „durchgefallen" ist. Oder eine Möglichkeit, die Ihnen plötzlich in den Sinn kommt.

Stuhl 4 steht für gar keine der bisher genannten Möglichkeit. Die zentralen Fragen, die Sie sich von diesem Platz aus stellen können, sind: Was würde passieren, wenn ich gar nicht entscheide bzw. die Dinge so lasse, wie sie sind? Oder: Was kommt mir noch an Möglichkeiten in den Sinn?

Schritt 3   Setzen Sie sich auf jeden Stuhl – am besten der Reihenfolge nach. Überprüfen Sie in jeder Situation:

- Was macht das jetzt gerade mit mir?
- Welche Gedanken und Erkenntnisse habe ich jetzt in dieser Position/auf diesem Stuhl?
- Wie fühle ich mich in dieser Situation?
- Angenommen, ich würde die Entscheidung so treffen, wäre das eine gute Entscheidung? Überprüfen Sie jedes Mal genau, hören/fühlen Sie genau in sich hinein.
- Welche Gedanken haben Sie (Ratio)?
- Welche Gefühle (Emotion)?
- Was sagt Ihr Körper?
- Passt alles drei zusammen?

Vergleichen Sie die Ergebnisse insgesamt miteinander.

- Was ist jetzt das beste Ergebnis?
- Welche neuen Erkenntnisse gibt es?
- Was sagen uns die Ergebnisse von „Stuhl 3" bzw. „Stuhl 4"?
- Ändert dies etwas an meiner ursprünglichen Präferenz?
- Wo passen alle drei Ebenen (Ratio, Emotion, Körper) im positiven Sinne am besten zusammen?
- Wenn ich diese Entscheidung so treffen würde, welche Konsequenzen hätte das?

Führen Sie den Prozess ggf. ein zweites Mal durch, um das Ergebnis zu überprüfen.

Schritt 4 Treffen Sie noch keine abschließende Entscheidung, sondern lassen Sie die Erkenntnisse sacken. Wenden Sie sich anderen Aufgaben/Dingen zu und denken Sie nicht mehr an die zu treffende Entscheidung. Wenn Sie können, schlafen Sie einmal darüber.

Schritt 5 Treffen Sie entweder nach dem Aufwachen (falls Sie darüber geschlafen haben) oder nach dem Sie andere Dinge getan haben, die Entscheidung, die für Sie jetzt am besten ist. Treffen Sie die Entscheidung jetzt spontan, ohne noch einmal darüber nachzudenken.

Rahmenbedingungen

- **Zeit**
  Schritt 1, 2 und 3 ca. 0,5 Stunden

- **Teilnehmer (Optionen)**
  Sie selber plus ggf. ein Führungskollege/Sparringspartner, der Sie durch den Prozess führt und die Fragen stellt, hinterfragt, ggf. auch Feedback gibt
- **Räumliche Erfordernisse**
  Ruhiger Raum mit genügend Platz
- **Hilfsmittel**
  4 leere Stühle

7.2.5.4 Anmerkungen zur Wirkungsweise

Das Einbeziehen von Stühlen, auf die Sie sich setzen, macht Ihnen in der Regel auch emotional und körperlich klarer, was bewusst und unbewusst vorgeht. Nicht nur Ihr bewusstes Denken kann genutzt werden, sondern auch Ihre Intuition. Die „Stühle" machen die unterschiedlichen Perspektiven, Situationen und Argumente deutlicher erleb- und spürbar. Dies kann manchmal überraschende, neue Erkenntnisse bringen oder eine wesentlich deutlichere Bestätigung der bisher schon bekannten Sichtweise/Entscheidungspräferenz. In jedem Fall ermöglicht es, den Entscheidungsprozess zu vertiefen und zu prüfen.

Literatur

Damasio AR (2009) Ich fühle, also bin ich. List, Berlin

Dijkterhuis A, Bos MW, Nordgren LF, van Baaren RB (2006) On making the right choice: the deliberation-without-attention effect. Science 311:1005–1007

Hansen, Osterhold (2003) Karriere ab 45. Gabler, Wiesbaden

Hüther G (2009) Biologie der Angst. Wie aus Stress Gefühle werden. Vandenhoeck & Ruprecht, Göttingen

Mahler MS, Pine F, Bergman A (2001) Die psychische Geburt des Menschen. Fischer, Frankfurt

Masterson JF (1993) Die Sehnsucht nach dem wahren Selbst. Klett-Cotta, Stuttgart

Roth G (2009) Persönlichkeit, Entscheidung und Verhalten. Klett-Cotta, Stuttgart

Stern D (2010) Die Lebenserfahrung des Säuglings. Klett-Cotta, Stuttgart

Führung des Systems

8

Um ein komplexes System ganzheitlich führen zu können, insbesondere unter den besonders komplexen Bedingungen einer Krise, wird die Führung der Organisation durch ein effektives Führungsteam benötigt. Beide Aspekte sind stark miteinander verwoben und haben gegenseitig Wechselwirkungen. Eine Trennung in der Praxis ist so gut wie nicht möglich. Um beide Aspekte besser beleuchten zu können, betrachten wir zunächst beide Aspekte hier getrennt. In der Toolbox heben wir aufgrund des Praxisbezugs diese Trennung wieder auf.

8.1 Führung der Organisation

Unter Führung der Organisation verstehen wir viele jener Aspekte, die im Bereich des Managements und der Betriebswirtschaftslehre liegen.

Funktionen der Führung der Organisation sind in diesem Verständnis u. a.

- Strategie,
- Vertrieb,
- Kommunikation,
- Finanzen,
- Ressourcenmanagement,
- Organisation,
- Personalmanagement,
- Controlling
- und in vielen Unternehmen immer häufiger auch Risikomanagement.

Für alle diese Bereiche gibt es Konzepte, Systeme und Instrumente, die Organisationen für Ihren Bedarf anpassen, entwickeln, umsetzen und nutzen können. Sie

F. Saur und H. Ellebracht, *Führen in schwierigen Zeiten*,
DOI 10.1007/978-3-8349-3693-6_8, © Springer Fachmedien Wiesbaden 2014

werden in der Regel von der Führung im Sinne des klassischen Managements geplant, gesteuert, umgesetzt und kontrolliert. Hierbei spielen auch die eingeführten
Abstimmungs- und Entscheidungsprozesse eine große Rolle. Organisationen verfügen in diesem Bereich auf der formalen Ebene über gute Routinen. Schwieriger
ist es dann, diese in eine gemeinsame dynamische Führungsleistung zu übersetzen.
zen. Zunehmend wird nicht nur auf die klassischen betriebswirtschaftlichen Ma-
nagementmethoden zurückgegriffen, sondern auch auf systemische Methoden, die
Organisationen als Konstruktionen und lebende Systeme verstehen. Damit wird
ein wesentlicher Aspekt ergänzt, der zusätzliche Informationen und Erkenntnisse
über die Organisation ermöglicht. Damit wird es auch besser möglich zu hinterfragen, warum genau welche betriebswirtschaftlichen Systeme eingesetzt werden und
welche Aussagen und Ergebnisse sie liefern können und welche auch nicht. Die Führung von Organisationen insbesondere im Bereich der Betriebswirtschaft und der
Kennzahlen ist in der Regel gut ausgebaut und funktioniert mehr oder weniger gut –
auch in Abhängigkeit von der persönlichen und kooperativen Führungsleistung.

Die Herausforderung unter den Bedingungen von Komplexität und Krise ist es,
diese verschiedenen Funktionen der Organisation für die Unternehmenssteuerung
so abzustimmen und zu verbinden, dass es möglich wird, die Organisation als Ganzes und in ihren Teilen effektiv zu steuern.

Ein anschauliches Beispiel: Die Strategie des Unternehmens ist stark auf den Vertrieb von integrierten Produkten ausgerichtet, das zentrale Controlling arbeitet mit
der Balanced Score Card, die Kommunikation ist zentral gesteuert und stimmt sich
gut mit den Bereichen ab. Die Organisation ist in der Linie sehr effektiv aufgebaut.
Projektarbeit ist organisatorisch nur rudimentär ausgebaut, die Ressourcen werden
über jährliche Budgetrunden ausschließlich den einzelnen Linienfunktionen zuge-
teilt. Zielvereinbarungs- und Vergütungssysteme sind effektiv, aber allein auf die
individuelle Leistung zugeschnitten.

Wir haben es mit modernen Führungs- und Organisationssystemen zu tun, die,
jedes für sich genommen, gut funktionieren – allerdings im Zusammenspiel des
komplexen Gesamtsystems wahrscheinlich doch einiges an Störung produzieren
werden. Denn die Strategie ist auf komplexe Teamleistung ausgerichtet, und auch
einige Teil der Subsysteme wie das Controlling folgen dieser Logik, während wieder
andere Teile auf Segment oder Individualleistung ausgerichtet sind. Die einzelnen
Systeme sind nicht aufeinander abgestimmt. Spätestens unter Druck wird das Gesamtsystem Schwierigkeiten zeigen und den Anforderungen der Komplexität ggf.
nicht mehr genügen, da deren Gesamteffektivität unter der mangelnden Kompati-
bilität und Abstimmung leidet.

Die Kunst der Führung von Organisationen unter Komplexität und Krise ist es,
Systeme zu implementieren, die ineinander greifen, um sowohl das Gesamtsystem

als auch die einzelnen Subsysteme steuerbar zu halten. Dazu ist notwendig, dass die Gewinnung von Informationen sowohl ein schlüssiges Gesamtbild ermöglicht als auch genügend Auskunft über Details gibt, damit Entscheidungen und Entscheidungsprozesse so unterstützt werden, dass eine effektive Steuerung und Ergebnisse des Ganzen möglich werden. Dies kann aber nur dann gelingen, wenn zum einen ein entsprechend akkordiertes Führungshandeln der Führungsmannschaft hergestellt wird (siehe auch Abschn. 8.2) und zum anderen das für komplexe Situationen und Krisen passende Führungsverhalten zur Steuerung und Navigation angewandt wird.

Dörner und seine Schüler (Dörner und Schaub 1995, S. 39 ff.; Dörner 2009) haben Verhaltensweisen analysiert, die hilfreich sind, solche komplexen Systeme und Situationen ganzheitlich zu steuern.

Die folgenden 8 Schritte zur Steuerung gelten nicht nur unter den Bedingungen von Komplexität, sondern auch in Krisensituationen. Allerdings sind einige Besonderheiten zu beachten. Insbesondere der Zeit- und Handlungsdruck, der in Krisen eine zentrale Rolle spielt, hat einen wichtigen Einfluss.

8.1.1 Zielbildung

Auch und gerade in komplexen Situationen ist es wichtig, Ziele zu definieren. Dies ist nicht trivial, da aufgrund der komplexen Situation und der damit verbundenen Intransparenz, Dynamik etc. eine genaue Beschreibung schwierig ist. Häufig werden deshalb entweder zu allgemeine Zielen formuliert wie z. B.: „Wir wollen die Besten sein." oder es werden häufig auch gar keine Ziele formuliert und es wird einfach damit begonnen, ein Problem zu lösen. Tatsächlich ist es notwendig, ein möglichst konkretes Zielbild zu formulieren. Die Kunst liegt darin, in der Zielbildbeschreibung einen geschickten Mittelweg zu finden, der weder zu detailliert und dadurch ggf. zu eng für die komplexe Situation noch zu allgemein, so dass zu viele Interpretationen möglich sind, ist. Es sollte ein klarer Zielkorridor entstehen. Ggf. gibt es mehrere, sich widersprechende Ziele. Dann ist es wichtig, diese Zielkonflikte zu klären, in dem man Ziele aufgibt oder sie in Teilziele umwandelt. Insgesamt ist es wichtig für den Zielkorridor, nicht nur Teilziele für Teilaufgaben, sondern auch Zeitabschnitte zu formulieren. In Krisensituationen verstärken sich diese Tendenzen deutlich. Die Intransparenz und Dynamik ist noch deutlich höher. Häufig wird dann gar nicht mehr versucht, Ziele zu definieren, sondern es wird sofort zur Problemlösung übergegangen. Allerdings ist es gerade auch in dieser Situation wichtig, nicht nur dem Handlungsdruck und der Intransparenz zu erliegen, sondern zu versuchen, eine Richtung zu erarbeiten, wie die Krise zu lösen ist. Im

Falle einer Sanierung z. B. durch entsprechende Sanierungsziele. Ziele in Krisensituationen sind häufig Ziele mit kurzen Fristen. Trotz der Kurzfristigkeit sind sie
Ziele und geben Orientierung, wie die Krise gelöst werden kann.

8.1.2 Priorisierung

In komplexen Situationen müssen häufig mehrere Ziele zeitgleich verfolgt werden,
können aber vielleicht nicht gleichzeitig angegangen werden. Deshalb ist es in solchen Situationen wichtig zu priorisieren, z. B. nach Bedeutung, nach Wichtigkeit,
nach Erfolgswahrscheinlichkeit etc. Wichtig dabei ist, diese Priorisierung auch in
den Zusammenhang mit der Gesamtzielerreichung zu setzen, vorausschauend zu
sein und sich nicht direkt auf das anscheinend einfachste oder dringendste Problem
zu stürzen und sich dann ggf. zu verheddern. Auch hier ist es wichtig, den Gesamt-
zusammenhang und die wichtigsten zusammenhängenden Variablen zu identifizieren und eine robuste Vorgehensstrategie auszuwählen, die in jedem möglichen
Szenario der Lösungserarbeitung hilfreich für die Zielerreichung sein kann. In Krisensituationen verschiebt sich häufig die Priorisierung in Richtung Dringlichkeit.
Dies ist in vielen Fällen sinnvoll und nachvollziehbar, denn wenn nicht sofort gehandelt wird, kann dies für die Organisation lebensbedrohlich sein. Es besteht allerdings auch die große Gefahr, wichtige Dinge zu übersehen, die sich erst später im
Krisenmanagement als erfolgskritisch herausstellen, dann aber nicht mehr änder-
bar sind. Auch hier ist es wichtig, trotz hohem Zeit- und Handlungsdruck zumindest immer einen groben Check durchzuführen, welche Konsequenzen dringliche
Entscheidungen in der Zukunft haben könnten.

8.1.3 Informationssammlung

In intransparenten und unsicheren Situationen ist es von besonderer Bedeutung,
Informationen über Kontext und Situation zu erhalten, auch wenn dies manchmal mühsam und schwierig ist. Diese sollten sich auf den Zielkorridor und das
zu bearbeitende Thema konzentrieren, aber auch die Risiken und Rahmenbedingungen nicht vernachlässigen. Denn gerade in unsicheren und komplexen Situationen haben auch kleine Änderungen der Rahmenbedingungen große Auswirkungen. Und da in komplexen Situationen niemals alle Informationen bekannt sind,
kann es immer Überraschungen geben, auf die man bestmöglich vorbereitet sein
sollte. Auch Risiken und Rahmenbedingungen sollten nach Wichtigkeit und Ein-
trittswahrscheinlichkeit priorisiert sein.

Häufig wird bei der Informationssammlung der Fehler gemacht, Informationen zu sammeln, die die eigene Perspektive oder den eigenen Standpunkt unterstützen, nicht aber dem Problem wirklich auf den Grund gehen. Dies kann fatale Auswirkungen haben, da die komplexe Situation nicht wirklich realistisch eingeschätzt wird und gravierende Fehlentscheidungen und -entwicklungen entstehen können. Also lieber auch mal querdenken und nicht gleich einleuchtende Sachverhalte oder unangenehme Informationen überprüfen.

Aufgrund des Zeit- und Handlungsdrucks muss die Informationssammlung und Bewertung in den meisten Fällen deutlich verkürzt werden. Dies bedeutet nicht unerhebliche Risiken. Wie wir gesehen haben, ist es in komplexen Situationen unmöglich, alle Informationen zu sammeln und rational und rechnerisch sinnvoll zu verarbeiten. Trotzdem ist es nicht unerheblich, ausreichend Informationen zu sammeln und zu bewerten. In der Krise ist das Risiko besonders hoch, hier wichtige Informationen nicht in den Blick zu bekommen. Insofern ist es besonders wichtig, sich genau zu überlegen, für welche Bereiche Informationen gesucht werden sollen und welche Detailtiefe wichtig ist. Ein weiteres Risiko besteht darin, gerade unter Handlungsdruck jene Informationen zu sammeln bzw. zu nutzen, die den eigenen Standpunkt untermauern, um das eigene Kompetenzempfinden zu steigern. Gerade dies kann aber zu Fehlentscheidungen führen. Gerade hier ist es besonders wichtig, über einen großen Erfahrungsschatz im Krisenmanagement und im jeweiligen Geschäft zu verfügen, um auch mit wenigen Informationen ein stimmiges Gesamtbild zu bekommen. Dies spricht für erfahrene Krisenmanager, die sowohl im Prozess der Informationssammlung als auch in der Verarbeitung und Entscheidung durch ihre Erfahrung profitieren.

8.1.4 Modellbildung

Damit effektives Handeln in komplexen Situationen möglich wird, ist es notwendig, aus den gesammelten Informationen ein Modell der gesamten möglichen Realität zu bilden und sich auch Gedanken über die Auswirkungen der jeweiligen Umsetzung zu machen. Damit dies gelingt, sind die Zusammenhänge sichtbar zu machen. Das heißt, sich klar zu machen, welche Elemente wichtig sind und in welchen Zusammenhängen sie stehen. Was passiert „wenn ich an der Schraube X drehe" – welche Auswirkung und welche Fern- und Nebenwirkungen wird dies haben. Natürlich wird auch dies niemals komplett möglich sein. Wie bereits erwähnt ist es u. a. mit Bezug auf das Bremermann'sche Limit eben nicht möglich, alles genau zu berechnen und alle Variablen und Fernwirkungen zu erkennen. Es ist allerdings doch möglich, die wichtigsten zu identifizieren und je nach Chancen- und Risikograd mehr oder weniger „Tiefenbohrungen" bzgl. der Details zu unternehmen.

Modellbildungen können hier Analogien und Hypothesen sein, genauso wie Strategien bzw. Strategiemodelle. In diesem Sinne sind aber Strategien nicht mehr wie in der klassischen Strategielehre genaue Planungen, sondern Denkmodelle über Komplexität und Zukunft, die über die Zeit weiter beobachtet, verifiziert, angepasst oder grundsätzlich verändert werden müssen. Angesichts der komplexen Welt, in der wir leben und der damit verbundenen Vielfalt, ist es dann auch nicht mehr verwunderlich, dass es mittlerweile eine Vielzahl von unterschiedlichsten Strategiemodellen gibt. Ralph Scheuss stellt in seinem Handbuch der Strategien allein schon 220 Konzepte vor (Scheuss 2008). Wichtig für eine gute Modellbildung ist, sich nicht auf nur ein Instrument oder eine Methode festzulegen, sondern ein Set von Methoden und Instrumenten für die Modellbildung zu wählen. Diese sollten dann überprüft werden, ob sie hilfreich sind, die komplexe Unternehmenswelt und deren Umfeld so abzubilden und ein Zukunfts- und Lösungsbild so zu modellieren, dass es realistisch und umsetzbar ist. Modellbildungen sind in diesem Verständnis mentale Modelle, die versuchen, Komplexität von Organisationen und deren Umfeld annähernd abzubilden. Strategien und Modelle brauchen eine aktive Führung, die sie umsetzt und sich auf die Überraschungen bei der Umsetzung einlässt. Führung, die Feedbacks und Widerstände ernst nimmt und konstruktiv verarbeitet. Die sich auch darüber im Klaren ist, dass Denkmodelle den Weg weisen und Orientierung geben. Die sich aber auch bewusst ist, dass es Abweichungen geben kann und dadurch am Ende das Ergebnis auch anders als geplant sein kann. Strategien und Modelle sind also lebende Prozesse, die Führungs-Kraft brauchen.

Dies impliziert, dass Fehler bzw. Abweichungen immer möglich sind. Analogien sind eben Analogien, Modelle sind Modelle und die Realität von Unternehmen A, auch wenn sie ähnelt, ist nicht identisch mit Unternehmen B. Reduktion von Komplexität ist unvermeidbar, um arbeitsfähig zu sein und zu bleiben. Wenn sie jedoch auf einen oder wenige Faktoren begrenzt wird, dann sind Fehler nur allzu wahrscheinlich.

Für das Krisenmanagement heißt dies, dass in der Regel Modelle gebildet werden müssen, die zunächst nicht langfristige Lösungen im Blick haben, sondern das Überleben der Organisation und die Krisenbewältigung im Fokus haben. Darauf jeweils aufbauend ist immer zu hinterfragen, was die Entscheidung eines bestimmten Krisenlösungsmodells für die weitere zukünftige Entwicklung bedeuten würde und welche Entwicklungen dann ggf. nicht mehr möglich sind. Hilfreich sind dann besonders jene Modelle, die das kurzfristige Überleben auf jeden Fall sichern und gleichzeitig möglichst viele Optionen für die Zukunft offen halten. Auch hier besteht wieder die Schwierigkeit, aufgrund des Zeit- und Handlungsdrucks mit eingeschränkten Informationen und noch weniger Transparenz Modelle bilden zu müssen, auf deren Basis wichtige Entscheidungen zu treffen sind.

8.1.5 Prognosen

Wurde ein Modell über die Gesamtstruktur des Systems entwickelt, so ist es hilfreich, im nächsten Schritt Prognosen aufzustellen, wie sich die Dinge weiterentwickeln könnten. Wie wirkt sich mein Sanierungskonzept aus? Welche Konsequenzen haben die Schritte jetzt und in Zukunft? Wie wird sich die Umwelt verändern? Wie wird sich der Markt entwickeln? Was werden meine Mitwettbewerber machen? Wie werden sich Technologie und Gesetzgebung verändern etc.? Auch hier helfen wieder Strategiemodelle, insbesondere Szenarien und Szenariotechnik. Die Zukunft ist niemals genau voraussehbar. Vollständige Sicherheit ist nicht möglich. Je komplexer die Welt, desto unsicherer. Allerdings hilft es doch, sich der Zukunft anzunähern, zu fragen „Was wäre wenn?", Erwartungshorizonte diesbezüglich zu entwickeln und zu überlegen, was in welchem Falle zu tun ist. Dann wird es auch möglich, mehr Transparenz in die Intransparenz zu bekommen und in dynamischen Situationen auf Überraschungen schneller und effektiver reagieren zu können.

Ein Fehler, der bei Prognosen allerdings häufig auftritt, ist lineare oder strukturelle Extrapolation (Dörner und Schaub 1995). Die Entwicklungen der Vergangenheit werden einfach in die Zukunft fortgeschrieben. Veränderungen, Entwicklungen und Umbrüche werden dabei nicht antizipiert. Gerade bei Krisen ist eine derartige Exploration nicht hilfreich. Die Krise selbst ist ja ein Beleg dafür, dass die bisherigen Annahmen nicht eingetreten sind. Hilfreicher ist es, sich von diesen Entwicklungen frei zu machen und zunächst auf Basis der vorhandenen Informationen zu einer komplett neuen Lageeinschätzung und auch zu neuen Prognosen zu kommen.

8.1.6 Planen

Planen meint den Entwurf von Maßnahmen, Aktivitäten und Handlungen in der Zukunft. Wobei planen unter Unsicherheit und Komplexität immer ein Planen mit Annäherungen ist. Das heißt, dass nicht von A bis Z durchgeplant werden kann. Dies ist selten möglich. Bei einfachen technischen Projekten sowie bei Routineprojekten- und -maßnahmen mag dies bis zu einem gewissen Grad möglich sein. Je komplexer und unsicherer die Situation ist, umso schwieriger wird dies. Im Grunde handelt es sich um das Paradox, das Unplanbare zu planen.

Typische Planungsfehler, die in komplexen Situationen gemacht werden, sind nach Dörner und Schaub:

- Rumpelstilzchen Planung: Hierunter wird das Weglassen von wichtigen Bedingungen und ein Planungsoptimismus verstanden. Genau daran scheiterte das Rumpelstilzchen, weil es wichtige Bedingungen übersah und dachte, es würde alles wie geplant funktionieren.
- Überplanung: Der Versuch, alles bis ins Detail zu planen. Dies erzeugt erheblichen Aufwand und Projektbürokratie. Damit wird aber ggf. die Umsetzung zu langsam und/oder man verheddert sich in Details.
- Aktionismus: Da man ja sowieso das Unplanbare nicht planen kann, legt man einfach los und sieht dann, was geschieht. Auch dies kann erhebliche Kosten und Zeitverluste produzieren, weil man auf dem falschen Weg ist oder Dinge noch mal bearbeiten muss, weil die Reihenfolge der Bearbeitung nicht stimmt etc.
- Projektemacherei: Planen als Handlungsersatz. Es wird geplant, damit man zeigen kann, dass überhaupt etwas geschieht. Umgesetzt wird dann nichts oder wenig.

Um diesen Planungsfehlern – bewusst oder unbewusst – zu begegnen, wurden zusätzlich zu den Standardprojektmanagementverfahren, die sich noch stark an den Zeiten der mechanischen Organisationsvorstellungen und längerer Phasen von Stabilität in den Umfeld- und Marktbedingungen orientierten, eine Reihe weiterer Vorgehensmodelle entwickelt, die den Anforderungen an Planungsverhalten in komplexen Situationen näher kommen und die Tendenz zu diesen Planungsfehlern reduzieren. Diese reichen von iterativem Vorgehen über inkrementelle Verfahren sowie neuen offenen, integrierten und schnellen Planungsverfahren (z. B. Agile Project Management oder Scrum). Allen diesen moderneren Planungsverfahren ist gemeinsam, dass die Gesamtplanung grober gefasst wird, während genaue Planungen für kürzere Zeitabschnitte bzw. Teilschritte erstellt werden. Diese werden dann zunehmend in die Hände von selbstorganisierten agilen Projektteams gelegt, die zeitlich und räumlich (ggf. virtuell-räumlich) eng, selbstverantwortlich, aber nach klaren, selbstorganisierten Rollen kooperieren. Dies ermöglicht, ein Spannungsfeld von Planung, Überraschung und Flexibilität, das besser auf die komplexen Situationen reagieren kann. Derartige Vorgehensweisen sind auch im Krisenmanagement hilfreich, da dort besonders wichtig ist, die erzielten Ergebnisse relativ zeitnah zu analysieren und zu bewerten, weitere Schritte zu planen und gleichzeitig Flexibilität beim Krisenmanagement zu erhalten.

Im Krisenmanagement sind Planungsfehler vor allem durch Rumpelstilzchen Planung und Aktionismus zu erwarten. Agile und iterative Verfahren können diese

Fehler zwar verringern, allerdings nur, wenn man sich auch im agilen und iterativen Vorgehen über diese möglichen Stolpersteine im Klaren ist und bestmöglich versucht, sie zu vermeiden.

8.1.7 Durchführungskontrolle

Nicht zwangsläufig führt jede Umsetzung einer Maßnahme zum Erfolg. Erfolgskontrolle ist besonders in komplexen Situationen eine zentrale Managementaufgabe, die hier aufgrund verschiedener Faktoren besonders schwierig ist: Wirkungen treten (teilweise) stark verzögert ein, Handlung und Wirkung sind nicht eindeutig zu zuordnen, Fern- und Nebenwirkungen sind zu beobachten, die Eigendynamik des Systems durch ergriffene Maßnahmen ist hoch, etc.

Häufig wird die Durchführungskontrolle vernachlässigt. Dies führt aber dazu, dass erstens nicht nachgesteuert werden kann und zweitens notwendige Informationen für Lernprozesse verloren gehen. Gerade in unsicheren und komplexen Situationen sind zeitnahe und effektive Feedbacksysteme aber von zentraler Bedeutung für die Navigation und die Anpassung an die Dynamik und Veränderungen, die komplexe Systeme produzieren. Insbesondere im Krisenmanagement, in dem die Planungszyklen verkürzt sind und Wirkungen schwerer planbar sind, sind Feedbackschleifen der Durchführungskontrolle und Selbstreflexion besonders relevant. Insofern ist es notwendig, diese gerade im Krisenmanagement, häufiger, kürzer und prägnanter durchzuführen, um noch schneller adjustieren zu können.

8.1.8 Selbstreflexion

Um in komplexen Situationen „in der Spur" zu bleiben, braucht es iterative Lern- und Entwicklungsprozesse. Die Durchführungskontrolle bietet die notwendige Information. Allerdings sind der Raum, die Zeit und auch der Willen zu kritischer Selbstreflexion unabdingbar. Ohne Methodik und die richtige Fragestellungen geht es nicht. „Wo waren wir gut" und „Wo und weshalb sind Fehler im Prozess entstanden"? Nur dann ist es möglich, in der Bearbeitung, Methodik und im Verhalten der vorher genannten sieben Schritte, Fehler zu erkennen und Konsequenzen daraus zu ziehen.

Weshalb wird Selbstreflexion dann manchmal vermieden, obwohl sie für den Erfolg so wichtig wäre?

- Erfolg macht konservativ. Wenn ich erfolgreich bin, gibt mir doch der Erfolg Recht. Warum soll ich denn jetzt auch noch knappe Zeit und Ressourcen in Reflexion stecken. Dabei werden zwei Dinge übersehen. Erstens ist die Selbstreflexion wichtig, um gerade das erfolgreiche Handeln zu festigen und ggf. für andere zu transportieren. Damit kann ich sicherstellen, dass ich darauf wieder zurückgreifen kann. Zweitens ist es aber auch gefährlich, einfach zu glauben, dass das Verhalten, das mir jetzt Erfolg bescherte, auch unter anderen Umständen zum Erfolg führt. Denn tatsächlich war der Erfolg von bestimmten Bedingungen abhängig. Wenn diese sich verändern, ist es keinesfalls sicher, weiterhin erfolgreich zu sein. Selbstreflexion erhöht die Aufmerksamkeit für den Kontext des Erfolgs und ermöglicht es, wenn dieser Kontext nicht mehr vorhanden ist, Handlungen kritisch zu hinterfragen und/oder das Vorgehen an den Kontext anzupassen.

- Beim Misserfolg ist hauptsächlich das erschütterte Selbstwertgefühl der Grund, sich dem Lernen nicht zu stellen. Das Kompetenzempfinden ist niedrig und das Ego gekränkt. Man hat schon genug mit dem Misserfolg zu kämpfen. Warum soll man sich jetzt auch noch dem unangenehmen Prozess der Selbstreflexion stellen und ggf. auch die Misserfolge auf die eigenen Fehler zurückführen. Dabei wird übersehen, dass ohne Selbstreflexion der Lernprozess nur eingeschränkt stattfindet und die Chance auf einen weiteren Misserfolg steigt. Verdrängt wird auch, dass solche Prozesse oft für das Selbstwertgefühl und die eigene Führungs-Kraft sehr heilsam sein können. Misserfolg und Scheitern werden bewusst integriert und Teil des Lebens und der eigenen gereiften Führungspersönlichkeit. Ein richtiger und selbstbewusster Zugang dazu hilft, als Persönlichkeit zu wachsen und auch Misserfolge konstruktiv nutzen zu können – für das eigene Führungshandeln und die eigene Führungspersönlichkeit.

- In Krisen wird die Selbstreflexion insbesondere deswegen vermieden, weil Zeit noch knapper als sonst ist. Weshalb dann Zeit für eine derartige Selbstreflexion verschwenden, statt direkt an der Lösung zu arbeiten. Gerade in Krisen kann Selbstreflexion aber besonders lebensnotwendig sein, um gravierende Schwierigkeiten aufzudecken. Dies ist aber psychologisch gesehen besonders herausfordernd, da das mangelnde Kompetenzempfinden in der Krise besonders hoch sein kann ebenso wie die „negativen" Emotionen. Hier ist es dann besonders wichtig, sich zum einen auf das Wesentliche bei der Selbstreflexion zu konzentrieren und zum anderen Schuldzuweisungen zu unterlassen und jeden Fehler als ein Geschenk auf der Lösungssuche zu verstehen.

Fazit
8 Schritte hilfreichen Führungsverhaltens in komplexen Situationen und Krisen

- Zielbildung
- Priorisierung/Absichtsauswahl
- Informationssammlung
- Modellbildung
- Prognosen/Szenarien bilden
- Planen
- Monitoring/Durchführungskontrolle
- Selbstreflexion

Die Führung von Organisationen in Krisensituationen unterscheidet sich insbesondere auch durch andere Steuerungselemente des Managements und der Betriebswirtschaft. Es werden andere Entscheidungskriterien zugrunde gelegt. Der Blickwinkel muss diesbezüglich geändert werden. In „normalen" Geschäftssituationen geht es in der Konsequenz darum, Kapital zu akkumulieren, Gewinne zu erwirtschaften, Märkte und Kunden zu erobern, Renditen zu erwirtschaften, Mitarbeitern Perspektiven aufzuzeigen, sie ans Unternehmen zu binden und zu entwickeln etc.. Unabhängig davon, dass der Shareholder Value heute die Beobachtungshorizonte verkürzt, ist die Logik der Systeme auf Perspektive, Kontinuität und Wertsteigerung ausgerichtet.

Die Managementlogik der Krise und der Sanierung im Falle einer Ertrags- oder gar Liquiditätskrise ist dagegen eine gänzlich andere. Sie ist zunächst ganz allein auf kurzfristiges Überleben ausgerichtet. Denn wenn Erträge einbrechen und Kosten-Ertrags-Relationen nicht mehr passen, ist der Kapitalakkumulationsprozess und meistens auch der Cash-Flow empfindlich gestört. Das deutlichste Signal ist dann der zunehmende Liquiditätsengpass. Die wichtigste Managementaufgabe wird nicht mehr die Kapitalakkumulation und Wertsteigerung, sondern die Wiederherstellung von einer überlebensfähigen Kosten-/Ertragsrelation und, im weiter fortgeschrittenen Stadium der Krise, die Wiederherstellung von Liquidität. Im Falle der Ertragskrise werden in der Regel mehr oder weniger drastische Kosten- und Effizienzprogramme durchgeführt und neue und/oder nicht ausgeschöpfte Ertragsquellen gesucht. Dies führt häufig zu neuen Formen der Wertschöpfung und Identität in Organisationen. Im lebensbedrohlicheren Fall der Liquiditätskrise geht es im ersten Schritt dann nur noch darum, die Liquidität zu sichern. Dies geschieht in der Regel durch Überbrückungskredite, Umschuldungen sowie Forderungsverzichten der Gläubiger. Der Preis ist häufig Verkauf von Geschäft und Vermögen, um

Umschuldung und Forderungsverzicht zum Teil auszugleichen sowie konsequente Kostensenkung und Personalabbau. Mittel-bis längerfristig wird in beiden Fällen eine neue Strategie, ein neues Geschäftsmodell entwickelt, im Falle der Liquiditäts- krise meistens auch mit einer neuen Eigentümer- und Führungsstruktur.

Managementlogik in der Krise	Managementlogik im „Normalzustand"
Liquidität	Kapitalakkumulation
Kostenreduktion	Gewinn
Ertrag stabilisieren	Umsatz
Working Capital	Marktanteil
Wiederherstellung/Erhalt der	Rendite
Zahlungsfähigkeit	Wertsteigerung
Wiederherstellung bzw. Erhalt des Wertes	Mittel-, langfristige Perspektive
Kurzfristiges Überleben	

Die Führung der Organisation unterscheidet sich also in der Phase einer Ertrags- und insbesondere einer Liquiditätskrise deutlich vom Normalmodus. Andere Kennzahlen, andere Entscheidungsprämissen, anderes Management wird relevant. Kurzfristigkeit, radikale Kostensenkung, Liquidität, Kapitalverkauf und Verkleine- rung sind die deutlich anderen Steuerungsgrößen. Damit verbunden ist ein anderer Management- und Führungsstil, der kurzfristig orientiert ist und alle Handlungen und Energie zunächst auf das kurzfristige Überleben der Organisation fokussiert. Insofern ist es auch nicht erstaunlich, dass dieses Wissen in der Regel nicht in der Organisation vorhanden ist, da die Gestaltungsprinzipien des operationalen Nor- malgeschäfts andere sind. Dies ist aus Organisationssicht auch nicht verwunderlich, denn die Organisation und deren Führung sind so gebaut, dass sie ja im „Normal- fall" operieren soll. Die Konsequenz ist, dass dieses neue Wissen von Management und Führung dann häufig von außen in die Organisation gebracht wird – meistens von professionellen Sanierern oder im Extremfall von Insolvenzverwaltern – und von den verbliebenen Führungskräften erst gelernt werden muss.

8.2 Führungskooperation

Die Führung von Organisationen unter den Bedingungen von Komplexität ver- langt eine gemeinsame Steuerung des Systems durch die Führungskräfte und ist eine gemeinsame Führungsleistung. Somit ist Führung von Organisationen und in komplexen Situationen nicht nur eine Einzelleistung, sondern eine gemeinsa- me Kooperationsleistung. Führungskooperation wird damit zu einem zentralen Er- folgsfaktor für die Führung von Organisationen, der einen deutlichen Unterschied in der Führungs- und Organisationsleistung ausmacht. Qualitativ hochwertige Führungskooperation zeichnet sich dadurch aus, dass sie eine ausgewogene Balance in der Ambivalenz zwischen der Gesamtverantwortung des Führungsteams für das Unternehmen und der individuellen Verantwortung der einzelnen Führungskraft für Ihren jeweiligen Verantwortungsbereich findet. Es ist nicht Ziel, die Kooperation um der Kooperation willen zu etablieren und/oder gute Beziehungen und eine gute Unternehmenskultur zu etablieren. Dies kann zwar helfen, eine entsprechende Kooperation zu etablieren. Jedoch ist Führungskooperation kein Selbstzweck, sondern eine zwingende Notwendigkeit, komplexe Organisationen in immer dynamischeren Märkten und Umwelten erfolgreich steuern zu können. Wie bereits dargelegt (siehe Kap. 3) zeichnen sich komplexe Systeme dadurch aus, dass sich Ihre Varietät nur durch entsprechend große Varietät steuern lässt. Konkret heißt das für eine Organisation, dass nur ein gut abgestimmtes Führungsteam dies leisten kann. Denn die Vielzahl der Informationen, Erkenntnisse und Interpretationen über den Geschäftsverlauf sowie deren Chancen und Risiken, die Integration der arbeitsteiligen Organisationsleistung und das Verhalten zur Steuerung komplexer Organisationsprozesse und Situationen (siehe vorhergehenden Abschn. 8.1), braucht die gemeinschaftliche Führungsleistung, um die notwendigen Entscheidungsprozesse steuern und die relevanten Entscheidungen in der Organisation treffen zu können. Prozesse und Tätigkeiten in der Organisation sind heute meistens so eng verknüpft, dass ein einzelner Bereich und auch eine einzelne Führungskraft gar nicht alle Informationen haben kann, um gute Entscheidungen treffen zu können. Organisationen haben hierzu formale Entscheidungsstrukturen und -prozesse etabliert, um diesen Anforderungen gerecht zu werden. Aber allein die Etablierung auf formaler Ebene reicht nicht aus. Denn jede Führungskraft entscheidet für sich, welche Information mit welcher Geschwindigkeit, welcher Interpretation, an welche Personen weitergegeben werden und mit wie viel Nachdruck. Formale Regeln können zwar helfen, aber die Herausforderung nicht grundsätzlich lösen.

Gute Führungskooperation

- findet eine Balance zwischen gemeinsamer und individueller Führungsverantwortung.
- ist in der Lage, mehr Informationen zu verarbeiten und bessere Entscheidungen zu treffen als eine einzelne Führungskraft dies kann.
- ist mehr als 1 + 1 = 2.
- kann dadurch erst effektive Steuerung von Komplexität und effektives Krisenmanagement in einer Organisationen ermöglichen.

- agiert in Beziehungen und intensiver informeller und formeller Kommunikation.

Vertrauensvolle Zusammenarbeit über die Bereichs- und Hierarchiegrenzen hinweg, ist der Schlüssel zum Erfolg. Dies bedarf regelmäßiger praktischer Übung und Reflexion und muss trainiert werden, wie das Passspiel einer sehr guten Fußballmannschaft. Dies bedeutet vor allem, sich auch konstruktiv und ernsthaft über alle relevanten Sachverhalte austauschen zu können sowie unterschiedliche Interessen offen zu diskutieren. Dabei entstehen auch Konflikte, denn um gute Ergebnisse zu erzielen, braucht es in der Sache auch Auseinandersetzungen und Entscheidungen. Diese können sich auch manchmal gegen die Interessen einzelner oder ganzer Bereiche richten, um für die gesamte Organisation bessere Ergebnisse zu erzielen. Es gibt eben nicht immer die Win-Win Situation. Damit die Kooperation auf diese Weise funktionieren kann, ist eine belastbare Zusammenarbeitskultur notwendig. Es braucht Raum, Zeit, Ressourcen und Methoden, diese im ersten Schritt zu erarbeiten und dann immer wieder einzuüben. Selbstverständlich kann es immer auch Rückschläge geben, denn Vertrauen und Zusammenarbeit sind empfindlich. Insofern ist notwendig, gerade auch in und nach solchen Situationen des Vertrauensverlusts und/oder negativen Erfahrungen in der Führungszusammenarbeit, den Willen, in die Wiederherstellung dieser Form der Kooperation zu investieren. Die Entwicklung, Erhaltung und Wiederherstellung von guter und intensiver Führungszusammenarbeit ist eine permanente Investition in die Organisationsleistung, die sich dauerhaft und nachhaltig auszahlt.

Gute Führungskooperation braucht

- Aufbau und Erhalt von Vertrauen,
- hohe Konfliktfähigkeit,
- Wille der Aufrechterhaltung der Kooperation auch nach Rückschlägen und persönlichen Verletzungen,
- viel Übung, Raum, Zeit, Mut und Offenheit,
- die Möglichkeit der bewussten Reflexion.

Eine derartige Führungskooperation entsteht aus unserer Erfahrung dann am besten, wenn zentrale erfolgskritische Geschäftsthemen immer wieder gemeinsam und zielgerichtet bearbeitet und sowohl deren Ergebnis als auch der Weg dorthin reflektiert und verbessert werden. Es braucht die Reflexion geschäftskritischer Themen bei gleichzeitig integrierter Reflexion der Teamdynamik. Gemeinschaftliche Strategieprozesse gehören zu dieser Form der Zusammenarbeit genauso wie die

Lösung aktueller geschäftlicher Themen, notwendige Veränderungen der Organisation oder wichtige operationelle Fragestellungen. Künftige und auch aktuelle Fragen der Überlebensfähigkeit und der Steuerung des Unternehmens bzw. von einzelnen Bereichen sind gemeinschaftliche und nicht delegierbare Führungsaufgaben (Wimmer und Nagel 2004, S. 72).

Für das Einüben dieser Kooperation kann es hilfreich sein, sich explizit auf die Beziehungen in der Kooperation zu konzentrieren oder mit „Laborsituationen", ((Computer-)Simulationen, Outdoor Elemente etc.) zu arbeiten. Allerdings bringt dies nur dann nachhaltige Ergebnisse, wenn diese direkt wieder in den Kontext der zu lösenden Führungsaufgabe gestellt wird. Denn je eher es gemeinsam gelingt, schwierige reale Führungsaufgaben zu meistern und auch zu reflektieren, wie und warum dies gelungen ist, desto eher entsteht bei jedem einzelnen und im Team ein Gefühl von Erfolg, Vertrauen und des Wissens und Könnens, gemeinsam erfolgreich führen zu können. Dies schafft langfristig jene stabilen Arbeitsbeziehungen und die gemeinsame Kraft und Energie, mit denen die Organisation unter dem Druck von komplexen und krisenhaften Situationen erfolgreich geleitet werden können.

▶   Gute Führungskooperation entwickelt sich am besten an realen geschäftlichen Fragestellungen, an denen bewusst gemeinsam gearbeitet und geübt wird, sowie hierüber zielgerichtet reflektiert und gelernt wird.

Ein weiterer Grund, weshalb belastbare und erfolgreiche Führungskooperation am besten gelingt, wenn sie im Kontext der geschäftlichen Realität entwickelt wird, hat mit dem Entscheidungsverhalten von Gruppen zu tun. Denn es gibt mit dieser Form der Führungszusammenarbeit ein durchaus nicht zu unterschätzendes Risiko. Gruppen tendieren nicht zwangsläufig zum besten (Entscheidungs-)Ergebnis. Der Wunsch nach Anerkennung (Dörner 2009) in Gruppen ist groß – Führungsteams sind dabei keine Ausnahme. Um zu guten Ergebnissen zu kommen, braucht es aber ernsthafte, inhaltliche Auseinandersetzungen und damit kommt es zwangsläufig auch zu Konflikten. Diese können schnell auch persönlich belastend werden. Man versucht, aus der unangenehmen Situation herauszukommen und legt schnell Spielregeln für die Kooperation fest, die die unangenehme und unsichere Situation im Moment des Konflikts überbrücken soll. Dabei werden schnell solche Regeln getroffen, die dem Einzelnen bzw. der Gruppe gute Gefühle vermitteln und die Bestimmtheit in einer unsicheren Situation wieder erhöhen. Diese liefern aber nicht unbedingt die besten Ergebnisse. Sind einmal Spielregeln festgelegt, wird häufig nicht mehr reflektiert, ob sie dem Führungsteam helfen, gute Ergebnisse zu erzielen oder nicht. Die Gefahr ist also vorhanden, dass Führungsteams suboptimal agieren, um unangenehmen Konflikten aus dem Weg zu gehen und somit nicht das Potenzial der gemeinschaftlichen Führungsleistung ausschöpfen.

Eine andere Tendenz, die sich auch in solchen Gruppenkonstellationen abspielt, ist häufig, dass besonders dominante Persönlichkeiten, die zunächst erfolgreich sind, sich durchsetzen und andere sich ihr unterordnen (Dörner 2009). Hält dieser Erfolg eine Weile an, wird daraus ein Gruppenmuster, das dazu führt, das auch hier Entscheidungen und Entscheidungsprozesse nicht mehr genügend reflektiert werden. Anders als im vorherigen Beispiel allerdings führt nicht die Gruppenkohäsion zu Fehlern, sondern die de facto Alleinentscheidung einer Person. Wie wir aber gesehen haben, sind komplexe Situationen so gestaltet, dass es quasi unmöglich ist, dass einer alles immer richtig wissen und können kann. Diese Konstellation birgt also auch die Gefahr entsprechend negativer Ergebnisse, allerdings unter ganz anderen Voraussetzungen.

Ein Führungsteam kann suboptimal arbeiten bei

- Auslassen von Konflikten.
- suboptimalen Spielregeln der Kommunikation und Entscheidungsfindung.
- persönlichen Reaktions- und Schutzmustern, die nicht hilfreich sind wie z. B.:
  - Dominanz,
  - Selbstdarstellung,
  - Rückzug,
  - Ignorieren von eigenen Motiven und Bedürfnissen,
  - Passivität.
- Kämpfen unter den sogenannten „Alpha-Tieren" im Führungsteam.
- dauerhaftem Sich-durchsetzen und de facto alleinigem Entscheiden einer dominanten Führungsperson.

Deshalb ist es wichtig, dass Führungskooperation an Hand realer Geschäfte entwickelt und reflektiert wird, um so einen Spannungsbogen aufzubauen, der die konstruktive Zusammenarbeit mit ergebnisorientierter Auseinandersetzung unter Unsicherheit, Unbestimmtheit und Druck verknüpft. Dieser Weg ermöglicht sowohl die effektive Erarbeitung und Überprüfung von Ergebnissen als auch die Verbesserung der Kooperation im Führungsteam. Hierzu ist eine entsprechende Methodik sowie eine konsequente Prozess- und Kommunikationsarchitektur im Führungsteam notwendig, die die zielgerichtete Bearbeitung der erfolgskritischen Geschäftsthemen zulässt.

Die tiefer gehenden Lern- und Entwicklungsprozesse, die durch diese Arbeit entstehen, beziehen sich nicht nur auf das Entscheidungs-, sondern auch auf das

Kooperations- und Kommunikationsverhalten im Führungsteam. Je häufiger, konkreter und qualitativ hochwertiger Kommunikation und Entscheidungen im Führungsteam stattfinden, desto besser werden in der Regel die Ergebnisse der Führungsleistung. Dies entspricht dem systemischen Organisationsverständnis in der Tradition von Luhmann, in der Organisationen deshalb bestehen und gut funktionieren, weil eine ihrer zentralen Aufgaben und Herausforderungen das permanente Treffen von Entscheidungen unter Unsicherheit ist. Dieses wiederum kann nur durch Kommunikation geschehen. Kommunikation ist in diesem Verständnis eine zentrale Funktion für das erfolgreiche Arbeiten von Organisationen. Eine einfache Gleichung könnte sein: Je besser die Kommunikation, desto besser die Entscheidungen, umso besser die Organisationsleistung.

Unter Kommunikation verstehen wir hier nicht nur Information und Austausch in Gesprächen, sondern vielmehr die Qualität der Gespräche: die Kenntnis und bewusste Nutzung verschiedener Arten des Kommunikationsaustausches, u. a. Exploration, Dialog, Diskussion, Feedback (siehe auch Senge et al. 1999). Weiterhin denken wir auch an die Form des Zuhörens, den Bezug auf die Führungskollegen sowie die Aufmerksamkeit und den konstruktiven Umgang mit Befindlichkeiten und unterschiedlichen Interessen.

Wichtig für die Entstehung einer gemeinsamen Führungsleistung ist also das Kommunikations- und Entscheidungsverhalten. Je mehr Kommunikations-, Kooperations- und Entscheidungsprozesse effektiv wirken, desto eher wird auch die Gesamtorganisation in die Lage versetzt, effektiv komplexe Herausforderungen zu lösen.

Zentrales Thema der Führungskooperation

- Art und Weise des Entscheidungs- und Kooperationsverhaltens,
- Einüben und immer wieder kritische Reflexion der Prozesse, des Verhaltens und der Kommunikationsformen.

Besonders relevant wird dies in Krisensituationen. Ein Führungsteam, das gut eingespielt ist und bereits eine Vielzahl von kritischen Situationen gemeinsam gelöst hat, wird in der Regel in einer Krisensituation -insbesondere wenn sie lebensbedrohlich für die Organisation ist – bessere Voraussetzungen zur Lösung eines Problems haben als jene Führungen, die weniger eng kooperiert haben oder gar zerstritten sind. Denn gerade in Krisensituationen braucht es schnelles und konsequentes Führen und Handeln, das die Ressourcen der Organisation zur Bewältigung der Krise mobilisiert. Zeit, Energie, gemeinsames, konsequentes und zielgerichtetes Handeln sind Erfolgsfaktoren in der Krisenbewältigung und Sanierung von Organisationen. Dies setzt aber funktionierendes Kommunikations-, Entscheidungs-, und

Zusammenarbeitsverhalten voraus. Da die Situation in der Krise eben gerade nicht auf Automatismen zurückgreifen kann, sondern neue Lagebewertungen und ggf. auch Veränderungen in den Handlungen und Arbeitsweisen erfordert, ist es von zentraler Bedeutung, dass die Führung gemeinsam weiß, wie sie die Situation angeht und dass sie die Erfahrung hat, unter Druck handlungsfähig zu sein und sich nicht zu zerreiben.

Sicher kann es geschehen, dass gut eingeübte Führungsteams auch unter den Belastungen von Krisen weniger gut kooperieren oder dass deren Kooperation Rückschläge erleidet. Allerdings dürften die Voraussetzungen für wenig oder gar nicht geübte Teams deutlich schlechter sein. Denn gerade unter Druck und Stresssituationen werden auch Kommunikations- und Entscheidungsprozesse schwieriger. Vertrauen wird belastet unter anderem auch durch unterschiedliche Interessen, die meistens auch für die einzelne Führungskraft vital sind. Zwar kann eine einzelne und starke Führungspersönlichkeit durch konsequente Führung hier einiges kompensieren. Aber selbst wenn sie Ziel, Maßnahmen und Wege aus der Krise aufgrund von Vorerfahrungen kennt, wie das häufig bei erfolgreichen Sanierern der Fall ist, braucht sie in der Umsetzung der Sanierungskonzepte ein Team, das mitzieht und auch schnell und gut kooperiert. Trifft sie auf eine wenig funktionierende Führungsmannschaft, wird neben der eigentlichen Sanierungsleistung ggf. auch die Sanierung der Führungskooperation zur Aufgabe. Im positiven Sinne kann aber auch eine erfolgreiche Krisenbewältigung eine neue bessere Führungskooperation zur Folge haben und eine Basis für zukünftigen Erfolg sein. Leichter werden es aber sicher jene Führungsteams haben, die bereits Belastungen erfolgreich und gemeinsam bestanden haben.

8.3 Toolbox Führen des Systems

Um das Führungssystem ganzheitlich zu führen, ist die Führung der Organisation durch ein effektives Führungsteam notwendig. In dieser Toolbox stellen wir Ihnen sowohl Instrumente zur Führung der Organisation in der Krise als auch Instrumente zum Aufbau und zur Verbesserung der Führungskooperation vor. In der Praxis sind beide Ebenen so eng mit einander verwoben, dass eine (analytische) Trennung hier nicht mehr angebracht erscheint. In der Regel sind die Instrumente so gestaltet, dass sie immer auch auf beide Ebenen Wirkungen haben – manchmal mehr auf der Ebene der Organisation manchmal mehr auf der Ebene der Kooperation.

8.3.1 Die Führungskooperation aufbauen/verbessern

Eine wichtige Erkenntnis aus der praktischen Erfahrung in der Krise und in Veränderungsprozessen, die auch andere Praktiker und Theoretiker (z. B. Wimmer 2009; Kotter 2009) teilen, ist der Aufbau einer tragfähigen Führungskoalition, eines Führungskräfteschulterschlusses und der Aufbau einer starken Führungsmannschaft, um Krise und Komplexität (und auch Change) zu führen. Je eher hier eine gemeinsame Verständigung und Ausrichtung gelingen, umso eher kann Krisen-, Komplexitäts- und Changemanagement gelingen.

Ohne eine schlagkräftige Führungskooperation ist die Steuerung von komplexen Systemen nur schwer möglich. Insbesondere in Krisensituationen braucht ein Unternehmen eine gut aufeinander abstimmte Führungsmannschaft, die konsequent führt – trotz der gleichzeitig herrschenden hohen Unsicherheit. Insofern macht es Sinn, als Führungskraft, die andere Führungskräfte und Organisationen bzw. Organisationseinheiten zu führen hat, sich sehr früh mit dem Aufbau bzw. der Verbesserung der Führungskooperation zu beschäftigen und diese zu gestalten.

8.3.1.1 Herausforderung/Problemstellung

Wie bereits erwähnt haben Krise und Komplexität die Eigenschaft, in hohem Maße Unsicherheit und keine eindeutigen, einfach zu entscheidenden Sachverhalte zu produzieren. Die Lage ist unübersichtlich und es ist nicht (sofort) klar, wohin die Reise gehen muss, damit die Organisation bzw. Organisationseinheit überlebt. Weiterhin haben Krise, Komplexität und auch Wandel die Eigenschaft, die Legitimation von Führung in besonderer Weise in Frage zu stellen. Anders ausgedrückt steht permanent die Frage im Raum (ausgesprochen oder nicht ausgesprochen), ob die Mitarbeiter ihrer Führungskraft bzw. den übergeordneten Führungskräften (noch) glauben und folgen können, ob diese wissen, was zu tun ist, etc. Auf der anderen Seite braucht es gemeinsame Steuerung und Vertrauen, um die Krise zu lösen.

8.3.1.2 Ziele/Nutzen

Es geht in diesem Prozess also in besonderer Weise darum, die Legitimation Ihrer persönlichen Führung, aber auch die des Führungssystems generell wieder herzustellen oder zu erhalten. Mit den Unsicherheiten, Uneindeutigkeiten so umzugehen, dass wieder ein gewisses (und zeitlich begrenztes) Maß an Sicherheit und Orientierung entstehen kann, und dass Lösungen gefunden werden, die das Überleben sichern. Dieses Unterfangen kann nur gelingen, wenn sich in der Führungsmannschaft ein gemeinsamer Wille bildet, die Herausforderungen zu meistern, ein möglichst großes Maß an (Ein)-Verständnis entsteht, welches die Richtung und die Lösungen sind. Dazu ist das Wissen und die Intelligenz möglichst vieler Ihrer Führungskräfte (und auch anderer Organisationsmitglieder) notwendig. Nur dies gewährleistet, die Komplexität zu erkunden, zu verstehen und zu steuern. Der Aufbau einer Führungskoalition, einer Leading Coalition leistet diesen wesentlichen Beitrag.

8.3.1.3 Vorgehen

Die Maßnahmen reichen von (vielen) Einzelgesprächen mit Ihren Führungskräften über reguläre Meetings bis hin zu entsprechenden Führungskräfteworkshops (Strategiemeetings, Führungsteamentwicklung). Wichtig für den Erfolg ist allerdings, dass alle Interventionen als (Entwicklungs-) Prozess gedacht sind und auch von Ihnen so geführt werden. Dies braucht Zeit und ehrliche, offene und transparente Auseinandersetzung über die Richtung und Schritte, die zur Krisenbewältigung notwendig sind. Alles, was Ihre Führungskräfte an Führungshandeln brauchen, um Krise und Komplexität zu steuern – Energie, Commitment, Engagement, Mut, Verlassen der eigenen, üblichen Führungsmuster, um notwendige neue Wege zu gehen, Kooperationswille auch mit „ungeliebten" Partnern – muss wachsen und lässt sich nicht managen oder kontrollieren. Prozess heißt also, über einen bestimmten Zeitraum gemeinsam an den Führungsthemen zu arbeiten, die in der Krise bewegt werden sollen. Das heißt einerseits business-getriebene, inhaltliche Themen zu bearbeiten, aber auch gemeinsam an der Kooperation und Ausrichtung der Führungsmannschaft und jedes Einzelnen zu arbeiten – also auch an den Beziehungen und den persönlichen Themen, die so zu gestalten und zu entwickeln sind, dass auf der Geschäftsebene die Herausforderungen gelöst werden und sich Erfolge wieder einstellen.

Schritt 1

Zum Start ist es notwendig, sich Gedanken über die konkrete Situation Ihrer Führungsmannschaft und jeder einzelnen Führungskraft zu machen (Stakeholderanalyse Ihrer Führungsorganisation)
Analysieren Sie zunächst dabei konkret:

- Wie nehmen die Führungskräfte die Krise konkret wahr?
- Welche Themen bewegen meine Führungskräfte?
- Was sind aus deren Sicht die zentralen Herausforderungen, Probleme und Fragestellungen?
- Was können Sie zur Problemlösung beitragen?
- Gibt es Dinge, die sie beitragen können und die ich vielleicht noch nicht erkannt habe (bessere Ressourcennutzung)?

- Welche Fragen, welchen Informationsbedarf und welche Erwartungen haben sie?
- Welche Rückmeldungen bekomme ich?
- Wie offen ist der Austausch mit mir, zwischen uns und unter den Führungskräften?
- Wie wird gearbeitet und gesprochen? (Wie viel „Lamenti" und wie viel nach vorne Gedachtes?)
- Wer hat welche Rolle im Führungsteam? Welche Rolle ist das?
- Welchen Einfluss hat diese Führungskraft?
- Wo besteht Folgebereitschaft, wo Irritation, wo Skepsis etc.?
- Wo bzw. zu wem besteht Nähe, wo Distanz?
- Welche Gruppenbildung (Subsysteme) gibt es?
- Wen sollte ich besonders einbeziehen?
- Welche Stimmungslage ist vorhanden?
- Was braucht jede einzelne Führungskraft und was braucht die Führungsmannschaft von mir?

Schritt 2

Basierend auf Ihren Überlegungen entwickeln Sie ein Vorgehen auf drei Ebenen:

- Inhalte,
- Prozess,
- Formate.

Inhaltlich Welche geschäftlichen, strategischen und organisatorischen Themen sind zu behandeln? Im Wesentlichen ist mit den Führungskräften und innerhalb der Führungsmannschaft der Prozess der Lageeinschätzung, des „Fire Fightings" und der nachhaltigen strategischen Neuausrichtung durchzugehen bzw. weiterzubearbeiten. Folgende Punkte sind wahrscheinlich zu bearbeiten:

- Aufarbeitung von (Kenn-) Zahlen, Berichten etc.,
- Anwendung von Strategie- und BWL Tools,
- Überprüfung und ggf. Adaption des Controllings,
- Klärung der organisatorischen Themen und ggf. des organisatorischen Wandels,
- etc.

Es hängt von Ihrem Führungsstil und den Fähigkeiten Ihrer Führungskräfte und -mannschaft ab, wie viel Richtung Sie vorgeben. Bei der steigenden Komplexität und der Unübersichtlichkeit in Krisensituationen bei gleichzeitig steigender Kompetenz

der Mitarbeiter kann es notwendig sein, eher mehr als weniger gemeinsam zu erarbeiten. Unser Tipp: Trauen Sie Ihren Leuten ruhig etwas zu. Geben Sie nur grob
die Richtung vor und überprüfen Sie auch diese gemeinsam. Es schafft Legitimation
und kann hilfreich für die Qualitätssicherung sein.

Prozess Wie wollen wir kooperieren? Auf was kommt es in unserer Führung an?
Wie schaffen wir einen Überblick über den Entscheidungsbedarf und wie sind
die Entscheidungsprozesse? Unsicherheit und Komplexität erhöhen den Entscheidungsbedarf und erfordern, dass die Führung akkordiert und abgestimmt handelt.
Im Prozess des Aufbaus der Führungskoalition geht es also darum, das Führungshandeln untereinander und in Beziehung zu den Mitarbeitern und der Umwelt
abzustimmen.

Folgende Punkte könnten wichtig sein/werden:

- Abstimmung des Führungshandelns,
- Abstimmung Entscheidungsprozesse,
- Konfliktmanagement,
- Verbesserung bzw. Veränderung der Kooperation und Kommunikation,
- gemeinsame Führung und Ausrichtung der Mitarbeiter,
- Umgang mit Emotionen im Führungsteam und mit den Mitarbeitern,
- Problemfokussiertes und emotionsfokussiertes Führen – wie genau?

Diese Prozessinterventionen/Maßnahmen sind in Taktung und Frequenz zeitlich zu planen, genauso, wie die Art und Weise, wie sie am besten durchgeführt
werden.

- Wann und wie sind Einzelgespräche erforderlich, wann eher Meetings oder gar
  Workshops. Wie sehen diese genau aus?
- Wann, mit wem und wie häufig finden Einzelgespräche statt?
- Wann und wie häufig finden operative und strategische Meetings/Workshops
  satt?
- Wie schnell werden neue Informationen verteilt?
- Wie häufig und in welcher Taktung müssen wir miteinander kommunizieren?
- etc.

Formate Welche Kommunikationswege und Formate nutzen Sie passend zu Inhalt
und zur Prozessintervention? Wie gestalten Sie jedes einzelne Kommunikationsfor-
mat und wie die gesamte Architektur? Wie sieht die Umsetzung der Führungskommunikation in Einzelmaßnahmen und in der Gesamtarchitektur aus?

Beispiele für Kommunikationsformate der Führungskommunikation:

- Einzelgespräche mit und zwischen Führungskräften,
- Operative Führungsmeetings,
- Strategie und Teambuilding Meetings-/Workshops,
- Telefon- und Videokonferenzen,
- Chats und web 2.0 Formate (Twitter etc.),
- Mailverkehr,
- Laufwerke, webbasierte Datenräume etc.

Es fällt auf, dass die genannten Systemebenen Inhalte, Prozess und Formate starke Überlappungen haben. Es macht Sinn, diese sowohl analytisch zu trennen (zwecks einer besseren und einfacheren Bearbeitung) als auch im Gesamtblick zu betrachten und zusammenzuführen.

Schritt 3

Wiederholung und Monitoring sind auch hier wichtig für den nachhaltigen Erfolg. Einmalaktionen bringen nur kurzfristig etwas. Um wirklich eine substanzielle Kooperation zu erhalten, braucht man Übung, Überprüfung der Ergebnisse der Kooperation sowie kritische Reflexion und Lernen. Deshalb bedarf es auch der sich regelmäßig wiederholenden Veranstaltungen, Workshops und gemeinsamen Führungsmaßnahmen wie bereits beschrieben.

Rahmenbedingungen

- **Zeit:**
  Erste Planung: ca. 1 Stunde bis ein halber Tag (je nach Problemstellung und Größe der Abteilung/des Bereichs)
  Monitoring und Anpassung des Prozesses je nach Verlauf (siehe auch gesamter Führungs- und Kommunikationsprozess)
- **Teilnehmer (Optionen):**
  - allein,
  - mit Sparringspartner,
  - im (Führungs-)Team.
- **Räumliche Erfordernisse:**
  Ruhiges Büro oder Meeting Raum
- **Hilfsmittel:**
  Ausreichend Pin-Bords oder Flipcharts und -papier, Moderationsmaterial (Stifte, Karten etc.)

8.3.2 Lageeinschätzung – Vorüberlegung

Generelles Vorgehen Zu Beginn ist eine grundlegende Bestandsaufnahme und Lageeinschätzung der Situation der Organisation notwendig. Diese sollte sich insbesondere auch auf betriebswirtschaftliche Sachverhalte konzentrieren – allerdings nicht ausschließlich. Auch mentale und emotionale Verfasstheit der Organisation und der Mitarbeiter sind wichtig zu betrachten.

Überprüfen Sie die Situation genau hinsichtlich aller relevanten Punkte (allein, mit einem Vertrauten und/oder mit Ihrem (Führungs-)Team). Dies können z. B. sein:

- Geschäftsentwicklung,
- Aufträge/Auftragslage,
- Kostensituation,
- Situation Ihrer Geschäftspartner inkl. Lieferanten etc.,
- Geschäftsprozesse,
- Personalsituation,
- Stimmung im Unternehmen, Bereich,
- Motivation und Energieniveau,
- etc.

Nutzen Sie alle verfügbaren Informationsquellen z. B. Zahlenwerke, Reports, Informationen Ihrer Vorgesetzten, Kollegen, Mitarbeiter, Geschäftspartner, Nachrichten, Presse etc.

Sie sollten nicht nur die anscheinend offenkundigen Daten und Informationen nutzen, sondern diese auch gezielt hinterfragen und auch andere beobachtbare, nicht quantifizierbare Informationen, Abläufe, Geschehnisse nutzen, um die Krisenmuster und -dynamik genauer zu verstehen.

Wir werden Ihnen im Folgenden zwei hilfreiche Tools zur Lageeinschätzung vorstellen, die Ihnen helfen, die gewonnen „objektiven" Daten zu hinterfragen und verschiedene Aspekte und Perspektiven der Situation zu vertiefen und damit eine umfassendere Lageeinschätzung zu erhalten als nur anhand von objektiven Daten und/oder auf den ersten Blick beobachtbaren Zuständen.

Wissenswertes Die Lageeinschätzung sollten Sie im Krisenverlauf regelmäßig durchführen und wiederholen. Es bietet sich an, die krisenorientierte Bestandsaufnahme und Lösungssuche, die zunächst kurzfristige Erfolge in der Krisenbekämpfung generieren soll, Schritt für Schritt in einen systemischen und beteiligungsorientierten Strategieentwicklungsprozess zu transformieren. Dieser Strategieprozess

wird Ihnen eine grundlegende Bestandsaufnahme und eine Um- oder ggf. Neude-
finition des Geschäftsmodells ermöglichen. Damit greifen kurzfristig orientiertes
Fire-Fighting und langfristig orientierte Um- oder Neuausrichtung ineinander.
Nicht jede Krise zwingt zwangsläufig zu grundlegender Veränderung des Geschäftsmodells. In vielen Fällen reicht eine kurz- bis mittelfristige Kostenreduktion
aus. Die Krise könnte aber auch ein Hinweis darauf sein, grundlegend andere
Wege gehen zu müssen, da sich z. B. Märkte und Umfeld durch die Krise für Ihr
Unternehmen oder Ihren Verantwortungsbereich nachhaltig verändert haben. Sie
könnte auch die Chance sein, bewusst neue, erfolgreichere Wege einzuschlagen
und neue Ertragschancen zu finden, die sich durch die Veränderungen in den
Märkten ergeben. Diese Entscheidung braucht allerdings eine solide Analyse und
Auseinandersetzung in der Führung. Die Arbeitsweise und Methode, um dorthin
zu kommen, ist nach wie vor gute Strategiearbeit. Unternehmen, Bereiche bzw.
Führungskräfte, die Strategiearbeit und Veränderungsmanagement gewöhnt sind,
fällt es auch in dieser Krisensituation leichter, gemeinsam in eine zielgerichtete Aktion zu kommen. Die Krise bietet aber auch die Chance, diese Kompetenz gezielt
und nachhaltig aufzubauen.

▸   **Tipp** Neben der einschlägigen BWL Literatur zum Krisenmanagement
     sind natürlich viele Tools aus der Strategieentwicklung/-arbeit hilfreich
     (z. B. Umfeldanalyse, Wettbewerbsanalyse, Portfoliotheorien, SWOT-
     Analyse), um eine fundierte Lageeinschätzung zu erhalten.

8.3.3 Lageeinschätzung – Die 5 Warums

Basierend auf den verfügbaren Informationsquellen, z. B. Zahlenwerke, Reports,
Informationen Ihrer Vorgesetzten, Kollegen, Mitarbeiter, Geschäftspartner, Presse
etc., ist es für die fundierte und umfassende Ausarbeitung der Krisenmuster notwendig, die erhobenen und gesammelten Daten und Informationen zu analysieren,
diese gezielt zu hinterfragen und auch andere beobachtbare, nicht quantifizierbare
Informationen, Abläufe, Geschehnisse zu nutzen, um die Krisendynamik genauer
zu verstehen.

Diese folgende Intervention nennt sich „Die Perspektive der fünf Warums" und
wurde von Rick Ross entwickelt (Senge et al. 1999). Sie hilft, systemische Muster
einer Krise herauszuarbeiten.

8.3.3.1 Herausforderung/Problemstellung

- Sie erkennen deutlich, dass es gravierende Probleme durch die Krise in Ihrem Verantwortungsbereich gibt.
- Sie haben alle objektiven Daten gesammelt, spüren aber, dass dies nicht reicht, um der Sache auf den Grund zu gehen.
- Sie wollen keine „Schnellschüsse" sondern die Lage genauer betrachten.
- Sie wollen die Muster verstehen, die zu den „objektiven" Daten geführt haben.
- Sie spüren, dass das Problem komplexer ist, als es auf den ersten Blick erscheint.

8.3.3.2 Ziele/Nutzen

- Grundlegende Analyse der Ursachen von „bösartigen" bzw. gravierenden Problemen
- Durchdringung von objektiven Fakten
- Betrachtung der schwierigen Lage aus verschiedenen Perspektiven
- Betrachtung der Ursachen der Krise in der Tiefe
- Vermeidung von vorschnellen, scheinbaren Lösungen, die die Probleme ggf. verschlimmern statt verbessern

8.3.3.3 Vorgehen

Schritt 1
Basierend auf den Informationen, die Sie bereits haben, wählen Sie ein Symptom aus, von dem Sie glauben, dass von dort ein Lösungsprozess ausgehen kann.

Stellen Sie dann die erste Warum-Frage: „Warum passiert dies und das?" Sie werden voraussichtlich mehrere Antworten erhalten. Heften Sie diese an ein Pin Board (alternativ Tafel oder Wand) und lassen Sie genügend Platz darum.

Schritte 2, 3, 4, 5: Die folgenden Warums
Wiederholen Sie den Vorgang für jede Antwort am Pin Board, indem Sie nach dem „Warum" fragen – ebenso interessiert wie ein wissbegieriges Kind (und vielleicht auch mit der gleichen Offenheit und Unvoreingenommenheit). Suchen Sie weiter nach Antworten, die überzeugend scheinen. Sie werden feststellen können, dass die Antworten ineinander greifen und sich nach einiger Zeit einige grundlegende systemische Muster herausbilden, die zentral für die Krisenbewältigung in Ihrer Organisation/Ihrem Bereich sein könnten. Das Problem ist häufig nicht, dass die ursprüngliche Lösung, Entscheidung, Arbeitsweise etc. falsch war, sondern, dass die

langfristigen, weitreichenden Auswirkungen nicht bedacht wurden, bzw. der Kontext sich so stark verändert hat, dass aus der ursprünglichen Lösung ein Problem wurde.

Rahmenbedingungen

- **Zeit:**
  ca. 1 Stunde bis ein halber Tag (je nach Problemstellung und Teilnehmerzahl)
- **Teilnehmer:**
  Im (Führungs-)Team, aber auch allein oder zu zweit
- **Räumliche Erfordernisse:**
  Ruhiges Büro, Meeting oder Workshop Raum
- **Hilfsmittel:**
  Ausreichend Pin-Bords oder Flipcharts und -papier, Moderationsmaterial (Stifte, Karten etc.)

8.3.3.4 Anmerkungen zur Wirkungsweise

Um wirklich gute und aufschlussreiche Ergebnisse zu erzielen, sind Schuldzuweisungen zu vermeiden. Dies verdeckt den Blick auf die wirklichen Ursachen, man kommt zu vorschnellen Lösungen und bestraft schnell vermeintliche Schuldige. Das führt ggf. zu neuen, vielleicht sogar zu noch gravierenderen Problemen und senkt die Motivation von Kollegen, die zur Problemlösung dringend gebraucht werden, die die Lösung kennen und/oder herbeiführen könnten. Die „fünf Warums" sind eine Übung, sich nicht von ereignis- und schuldorientierten Antworten lenken zu lassen, sondern den wirklichen Ursachen näher zu kommen und mögliche, nachhaltige Lösungen zu finden.

8.3.3.5 Wissenswertes

Diese Übung kann „(emotionale) Schmerzen" bereiten. Unser menschliches Denken und Fühlen schreckt manchmal davor zurück, bei komplexen und gravierenden Problemen genauer hinzusehen. Ein bekanntes Phänomen ist das sogenannte „Restrisiko" der Atomkraft. Dort wurde jahrelang das tatsächliche Risiko unterschätzt (und wahrscheinlich sehen wir immer noch nicht genau alle Aspekte). Und dies von einer Menge intelligenter Menschen, die nicht alle nur aus persönlichen, monetären Interessen das Risiko unterschätzt oder schön geredet haben. Auch in Krisen gibt es die Tendenz, sich schnell aus dieser unangenehmen Situation befreien zu wollen bzw. lieber nicht genau zu hinterfragen, was die Ursachen waren. Dies löst immer sogenannte „negative" Gefühle aus oder verstärkt die schon bestehenden. Diese Gefühle sind aber für das nachhaltige Lernen wichtig, genauso wie für die zu treffenden Entscheidungen. Die negativen Gefühle markieren nämlich nachhaltig die Erfahrung und Erkenntnis im Gehirn und im Körper, sogenannte somatische Marker (u. a. Damasio, ...) und stellen damit sicher, dass diese Erkenntnisse erhalten bleiben. Der einfachere Weg ist natürlich, eine schnelle Lösung zu nehmen, was in der Regel positive Gefühle wie Freude auslöst. Leider kann es aber sein, dass dies ein Trugschluss ist. Auch und gerade weil es unangenehm ist – gehen Sie den Ursachen auf den Grund.

▶   **Tipp** Sie sollten diese Übung besser mit Partnern durchführen, wegen der emotionalen Reaktionen und der drohenden Tendenz, ein genaues Hinsehen zu vermeiden.

8.3.4 Lageeinschätzung – Umfeldanalyse

Die Umfeldanalyse ist ein sehr effektives, strategisches Tool im Zusammenhang mit Krisen. Es bietet einen weiteren unverstellten Blick, was die Auslöser der Krise waren – insbesondere jene, die nicht sofort offensichtlich werden. Haben z. B. technologische Entwicklungen dazu geführt, dass sich jetzt bestimmte Produkte nicht mehr gut verkaufen lassen. Kann der technologische Gap wieder aufgeholt werden oder nicht?

Die Umfeldanalyse schärft den Blick für mögliche Krisenauslöser und gibt uns einen Überblick und Indikationen für Handlungsmöglichkeiten.

Umfeldanalyse – die Identifikation der Einflussfaktoren

Je größer die Bedeutung für die aktuelle Krise und je bedeutender für das Geschäft der Zukunft, desto detaillierter sollte man sich mit den Umfeldeinflüssen auseinandersetzen.

Aufgabe:
Identifizieren Sie die Einflussfaktoren in der Krise und in der Zukunft

• Welchen Einfluss haben diese Faktoren auf die Krise meines Geschäftes?
• Welchen Einfluss haben sie zukünftig auf mein Geschäft?

Diese Informationen können auch im direkten Gespräch mit Kunden und Experten ermittelt werden, oft ist jedoch die jeweilige Gruppe nicht verfügbar oder eine direkte Kontaktaufnahme kommt aus bestimmten Gründen nicht in Frage.

8.3.4.1 Herausforderung/Problemstellung

- Das Umfeld scheint sich verändert zu haben.
- Die Umfeldbedingungen sind uns nicht mehr komplett transparent.
- Es gibt die Vermutung, dass Umfeldeinflüsse eine Auswirkung haben bzw. der Treiber unserer Krise sind.
- Bisher wurden keine eindeutigen Faktoren als Krisenauslöser gefunden.

8.3.4.2 Ziele/Nutzen

- Genaues Verständnis der Umfeldbedingungen/-faktoren erarbeiten
- Den Einflüssen der Faktoren auf den Grund gehen
- Zusammenhänge zwischen Umfeldbedingungen und Auswirkungen auf die Krise und Unternehmen aufdecken
- Hypothesen bzgl. weiterer Entwicklung des Umfelds und der Faktoren bilden
- Erste Handlungsmöglichkeiten und Ziele für die Krisenbewältigung entwickeln

8.3.4.3 Vorgehen

Schritt 1
Im ersten Schritt legen Sie die Umfeldfaktoren fest, die ggf. Auswirkungen auf Ihr Unternehmen bzw. Ihre Organisation haben.
Diese Faktoren können z. B. sein:

- Technologie,
- Kunden,
- Lieferanten,
- Finanzierungsbedingungen,
- Gesamtwirtschaftliche Entwicklung,
- Entwicklungen in der Branche,
- Rechtliche und/oder politische Rahmenbedingungen,
- Demographie,
- etc.

Schritt 2
Wählen Sie die Faktoren, die die wichtigsten Einflussfaktoren für Ihre Organisation und für die Krise sein könnten, aus, um sie genauer zu betrachten.

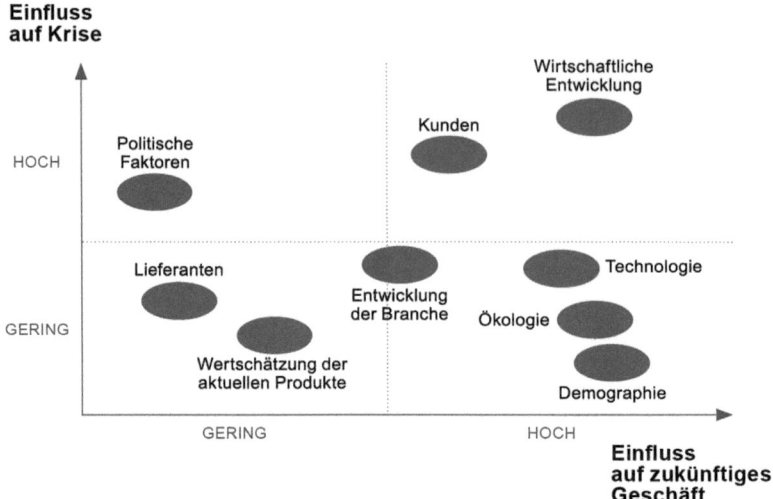

Abb. 8.1 Einordnung der Umfeldeinflüsse auf mein Geschäft

Schritt 3

Die ausgewählten Faktoren werden genau betrachtet und bewertet. Betrachtungs-
und Bewertungskriterien sind vorher festzulegen. Im Hinblick auf die Krise sind
grundsätzlich folgende Punkte zu hinterfragen (Abb. 8.1):

• Welchen Einfluss hatte/hat der Faktor auf unsere Krise?
• Wie genau wirkt er?
• Bleibt dieser Einfluss bestehen?
• Kann ich ihn verändern?
• Wenn der Einfluss bestehen bleibt und wir ihn nicht verändern können:
  Wie lange bleibt er bestehen und welche Konsequenz hätte das für uns?

Schritt 4

Identifizierung erster möglicher Handlungsansätze und Ziele für die Krisenbewältigung

Rahmenbedingungen

- **Zeit für die Übung:**
  ca. 120 Minuten
  Als Arbeitseinheit innerhalb eines Führungsworkshops möglich und hilfreich
- **Teilnehmer:**
  Mit mehreren Teilnehmern. Minimum 2 Personen plus Sie selber
- **Räumliche Erfordernisse:**
  Ruhiges Büro oder Meeting/Workshop Raum
- **Hilfsmittel:**
  Flipchart und Moderationsstifte

8.3.4.4 Anmerkungen zur Wirkungsweise

Es ist immer wieder beachtlich, wie viel Information und Überblick mit diesem sehr bekannten Tool erzielt werden kann. Insbesondere in komplexen Situationen und Krisen sehr hilfreich, um wieder den Überblick zu gewinnen.

8.3.4.5 Wissenswertes

Ein wesentliches Element der Krise ist die Intransparenz und der fehlende Überblick insbesondere auch über Zusammenhängen. Diese Analyse deckt in relativ kurzer Zeit bisher übersehene Einflussfaktoren auf.

▶ **Tipp** Die Umfeldanalyse ist manchmal auch schmerzlich, weil das Gefühl auftreten kann, etwas übersehen zu haben. Unterlassen Sie Schuldzuweisungen. Sie können die Vergangenheit nicht ändern, jedoch jetzt das Beste aus der Situation machen.

8.3.5 Zielbildungsworkshop

Komplexität und Krise sind, wie wir bereits beschrieben haben, u. a. durch Polytelie gekennzeichnet, durch unklare, meistens noch nicht bekannte, schwammige, nicht eindeutige, sich widersprechende Ziele. Gründe hierfür sind die Intransparenz, die Vielzahl der zu beachtenden Variablen und – insbesondere in der Krise – der Zeitdruck und die Dynamik. Trotzdem ist es für den Erfolg des Krisenmanagements notwendig, Ziele und Vorgehensmodelle zu entwickeln, wie die Krise bewältigt werden soll, auch wenn diese Ziele vielleicht im direkten Überlebenskampf eher kurzfristig orientiert sind. Auch kurzfristige Ziele sind Ziele und geben Orientierung.

Häufig wird dies in der akuten Krisensituation mit all ihren Turbulenzen übersehen. Die Kunst in der Krisenbewältigung wird darin bestehen, kurzfristige Ziele zu entwickeln, die auch einem mittel- bis langfristigen Überleben nutzen – und dies, ohne eine mittel- bis langfristige Strategie zu haben. Denn diese wird ja gerade noch neu zu entwickeln sein. Kurzfristige Zielbildung in der Phase des Überlebenskampfes bzw. der Stabilisierung und mittel- bis langfristige Ziele zur Krisenbewältigung stehen hier möglicherweise in einem Spannungsfeld.

Da es in der Krise drauf ankommt, schnell und zügig zu handeln, kommt es bei der Zielbildung darauf an, sich kurzfristig mit dem jeweiligen (Management-) Team Ziele zu erarbeiten bzw. kritisch zu überprüfen. Die gemeinsame Arbeit mit dem jeweiligen (Management-)Team an diesen Zielen hat mindestens zwei wichtige Aspekte: Erstens können durch die verschiedenen Perspektiven aus der Organisation Ziele entwickelt werden, die alle wesentlichen Faktoren der Krisenbewältigung mit einbeziehen und abdecken. Widersprüchlichkeiten und/oder Unklarheiten in der Zielbildung können so aufdeckt werden und hierfür auch Lösungen gefunden werden. Zweitens ist die gemeinsame Arbeit auch Teil jenes gemeinsamen Management- und Führungsprozesses, der eine solide Führungskoalition entwickelt und bildet, die notwendig ist, um die Führung und die Organisation so zu mobilisieren und auszurichten, dass möglichst viel produktive Energie und Richtung entsteht, um zügig signifikante Ergebnisse in der Krisenbewältigung zu erzielen.

8.3.5.1   Herausforderung/Problemstellung

- Die Krise ist erkannt worden. Die notwendigen Schritte aus der Krise müssen definiert werden.
- Es herrscht noch Unklarheit und Chaos.
- In der Führung gibt es noch kein gemeinsames Zielbild.
- Sie benötigen eine Richtung, in der Sie vorgehen wollen.
- Sie brauchen Ziele und ein gemeinsames Vorgehen zur Bewältigung der Krise.
- Aus Chaos und Unklarheit soll ein zielgerichtetes Vorgehen werden, das Stabilisierung und das Überleben der Organisation ermöglicht.

8.3.5.2   Ziele/Nutzen

- Ziele zur Krisenbewältigung sind erarbeitet bzw. überprüft.
- Transparenz im Team über das Vorgehen ist geschaffen.
- Schwerpunkte sind gebildet und ein grobes Vorgehensmodell ist erarbeitet.
- Die nächsten Schritte sind vereinbart.

- Das Chaos lichtet sich, erste Strukturen und Ziele zur Krisenbewältigung werden ersichtlich.
- Es geht ein Ruck durch die Führung. Mehr Zuversicht und Kampfbereitschaft entstehen.

8.3.5.3 Vorgehen

Schritt 1

Stellen Sie im Vorfeld so viel Informationsmaterial zusammen und Ursachenforschung an, wie in kurzer Zeit möglich ist. Dies kann auch teilweise im selben Workshop geschehen (insbesondere bzgl. der Ursachenforschung; siehe Tools zur Lageeinschätzung). Für Daten zur Geschäftslage etc. ist es sicher notwendig, diese aus den jeweiligen Informationssystemen im Vorfeld des Workshops zu generieren und zusammenzustellen. Stellen Sie den Teilnehmern diese Information nach Möglichkeit im Vorfeld zur Verfügung.

Schritt 2

Gehen Sie gemeinsam mit dem Team in komprimierter Form durch die jeweiligen Informationen. Dies sollte im Vorfeld gut von benannten Verantwortlichen vorbereitet werden, so dass zügig ein gemeinsames, grobes Bild entsteht. Es sollte keine zu langen Präsentation oder Diskussionen geben, da diese die Teilnehmer und die Gruppe ermüden und in der Regel durch ausführliche Darstellungen keine neuen wichtigen Informationen entstehen.

Schritt 3

Der erste Schritt in der Zielformulierung/-entwicklung.

Mögliche Fragen zur Zielentwicklung für die Unternehmensführung und die Führungskräfte aus Geschäftsbereichen, die direkt Geschäfte/Erträge generieren, könnten sein:

- Welche Ziele wollen wir bzgl. Kosteneinsparung realisieren?
- Welche Ziele müssen wir hinsichtlich unserer Liquidität erreichen?
- Welche Kosten-Ertrags-Relation etc. wollen wir erreichen?
- Wie sieht die Ertragslage aus? Welche Erträge in welchen Geschäftsfeldern sind schätzungsweise kurz-, mittel-, langfristig möglich?
- Welche Geschäfte können wir verkaufen? Welchen Preis wollen wir erzielen?
- Welche Geschäfte sollten wir schließen? Welche Kosten generiert die Schließung und welche Einsparungen sind im Gegenzug möglich?

- Wie können wir unsere Finanzierungen optimieren? Welche Eigen- und Fremd-kapitalziele benötigen wir?
- Welche Umschuldungsziele verfolgen wir?
- Welche neuen Konditionen und Ziele wollen wir mit unseren Gläubigern, Kapi-talgebern, Eigentümern erreichen?
- Welche Investitionen sind zu tätigen, welche sollten sofort eingestellt werden?
- Etc.

Alle Ziele sollten sich zunächst auf kurzfristige Zeiten beziehen, z. B. Ziele nach 3 Monaten, nach 6 Monaten, nach 9 Monaten, nach einem Jahr.

Sollten Sie Führungskraft in einem Produkt- oder Servicebereich und/oder im mittleren Management sein und einen entsprechenden Zielbildungsworkshop durchführen, stellen sich für Ihren Bereich wahrscheinlich andere Fragen.

Diese werden sich eher auf Kosten- und Optimierungspotenziale sowie Ihr je-weiliges Leistungsspektrum beziehen.

Mögliche Fragen könnten z. B. sein:

- Welche Ziele wollen wir bzgl. Kosteneinsparung realisieren?
- Welche Prozesse können wir optimieren?
- Welche Leistungen sollen wir weiter anbieten, welche einstellen?
- Welche Projekte und Investitionen sind weiterzuverfolgen, welche einzustellen?
- Wo sind bessere Konditionen zu erreichen hinsichtlich Lieferanten, laufenden Kosten etc?
- Welche Leistungen können wir so verändern, dass sie günstiger bzw. besser, an-ders etc. werden?

Wenn Sie eine größere Gruppe sind (über 6 Personen), teilen Sie sich zur Be-arbeitung am Besten in Kleingruppen auf und verteilen Sie die Fragestellungen entsprechend.

Schritt 4

Präsentieren Sie Ihre Ergebnisse. Die Teilnehmer, die nicht in der präsentierenden Gruppe waren, hinterfragen die Ergebnisse wertschätzend und kritisch. Stellen Sie auch Fragen zu Annahmen und Hypothese z. B.:

- Auf welcher Annahme beruht Ihre Aussage?
- Welche Erkenntnisse haben Sie zu diesem Ergebnis, dieser Aussage gebracht?
- Welche anderen Ergebnisse, wären noch möglich gewesen?

• Angenommen wir würden genau das tun, welche Konsequenzen und Wirkungen hätte das?

Hier geht es darum, mehr Klarheit in die ersten Zielideen zu bringen und zu hinterfragen, ob realistische Einschätzungen und Hypothesen vorhanden sind.

Schritt 5
Haben Sie diese kritische Überprüfung vollzogen, formulieren Sie für Ihre Ergebnisse, Ziele auf Basis der SMART Methode (Specific, Measurable, Attainable, Realistic, Time phased (deutsch: spezifisch, messbar, erreichbar, realistisch, zeitlich gegliedert)).

Eigenschaften eines guten Ziels
Nach Whitmore (2006)

SMART	Specific	spezifisch
	Measurable	messbar
	Attainable	erreichbar
	Realistic	realistisch
	Time phased	zeitlich gegliedert
CLEAR	Challenging	herausfordernd
	Legal	legal
	Environmentally sound	umweltverträglich
	Agreed	akzeptiert
	Recorded	protokolliert
PURE	Positively stated	positive formuliert
	Understood	verstanden
	Relevant	relevant
	Ethical	moralisch

Formulieren Sie diese Ziele ggf. wieder aufgeteilt in kleinere Gruppen. Anschließend präsentieren Sie diese Ziele wieder im Plenum. Hinterfragen Sie die Ziele bzgl. Klarheit, Wirkung und insbesondere auch hinsichtlich möglicher Zielkonflikte.
Mögliche Fragen könnten sein:

• Ist das Ziel verständlich und klar formuliert? Könnten auch andere Mitarbeiter dieses Ziel verstehen?

- Welche Wirkung wird entfaltet, wenn das Ziel erfüllt wird?
- Welche Konsequenz hat dieses Ziel?
- Mit welchen anderen Zielen steht dieses Ziel im Konflikt?
- Gibt es Ziele, die diesem Ziel widersprechen?

Sinn und Zweck dieser Überprüfung ist, sich über Wirkung und Zusammenhang der Ziele klar zu werden und zu schauen, ob die einzelnen Ziele gemeinsam eine Wirkung erzielen oder nicht, bzw. da, wo Zielkonflikte entstehen, sich bewusst zu überlegen, wie damit umgegangen wird. Dies ist ein Qualitätscheck, der spätere Reibungen und Konflikte (hoffentlich) frühzeitig aufdeckt.

Schritt 6

Überprüfung der kurz- und langfristigen Ziele/Strategie:
Hinterfragen Sie Ihre Ziele und Ihr Vorgehen:

- Welche der Ziele führen dazu, dass irreversible Entscheidungen getroffen werden, durch die wir ggf. zukünftig kein Geschäft/keine Leistung mehr erbringen werden können?
- Welche Ziele führen dazu, dass Geschäfte/Leistungen, die wir heute tätigen und ggf. beenden, nur mit großem Aufwand in Zukunft wieder aufgebaut werden könnten? Wie groß wird der Aufwand schätzungsweise sein?
- Welche sonstigen Dinge haben gravierende, möglicherweise negative Auswirkungen auf die Zukunft?
- In welchem Verhältnis stehen kurzfristige Notwendigkeiten für das Überleben und den Anpassungs-/Restrukturierungsprozess und langfristige Ziele/Strategien? Können die kurzfristigen Ziele das Erreichen der langfristigen Strategie behindern oder unmöglich machen?
- Welche Chancen und Risiken entstehen daraus?
- Gibt es Alternativen und wie sehen diese ggf. aus?
- Welche Entscheidung treffen wir jetzt?

Dieser Schritt dient dazu, Entscheidungen nicht überhastet zu treffen, die zu einem späteren Zeitpunkt sich evtl. negativ auswirken und vermeidbar gewesen wären.

Schritt 7

Bilden Sie jetzt Schwerpunkte hinsichtlich der Ziele und Aufgaben. Klären Sie, welchen Informationsbedarf Sie für weitere Entscheidungen und Zielkonkretisierungen haben und legen Sie hierfür Verantwortlichkeiten fest.

Entwickeln Sie gemeinsam ein grobes Vorgehensmodell und legen Sie Verantwortlichkeiten fest bzgl. einer weiteren Ausarbeitung sowie einer ersten Projektplanung.

Vereinbaren Sie die nächsten Termine zur weiteren Zielkonkretisierung sowie zur Konsolidierung der Projekt- und Ressourcenplanung. Vereinbaren Sie, wie und in welchen Zeiträumen Sie die Zielerreichung, -konkretisierung und ggf. -anpassung kontrollieren wollen und wie die weitere Steuerung aussehen soll.

Rahmenbedingungen

- **Zeit:**
  Minimum 0,5 Tage eher ca. 1–1,5 Tage
- **Teilnehmer (Optionen):**
  Alle wesentlichen Player eines Führungsteams bzw. Team
- **Räumliche Erfordernisse:**
  Seminar Raum/Räume
- **Hilfsmittel:**
  Ausreichend Pin-Bords oder Flipcharts und -papier, Moderationsmaterial (Stifte, Karten, etc.)

8.3.5.4 Anmerkungen zur Wirkungsweise

Wie bei allen Projekten sind Zielbildung, Vorgehensmodell etc. sehr wichtig und benötigen Zeit, Raum und kritische Auseinandersetzung. Häufig kommt genau das aufgrund des hohen Drucks, der ungenauen Informationen, der verschiedenen Interessen etc. zu kurz. Insbesondere in komplexen Projekten und Vorhaben der Krisenbewältigung ist aber eine gemeinsame Zielbildung essenziell, um später unnötige Zeit- und Ressourcenverluste sowie Konflikte zu vermeiden.

Ziel ist, das „Unplanbare zu planen". Dies kann durch eine moderne iterative und agile Projektplanung und intensive Projektkommunikation sowie entsprechende Entscheidungsprozesse gelingen.

8.3.6 Gemeinsame Führungsherausforderungen

Die Bildung einer nachhaltigen Führungskoalition bedarf eines gemeinsamen Verständnisses der aktuellen und zukünftige Herausforderungen und eines gemeinsamen Verständnisses im Vorgehen. Dies geht häufig über die Business- und Managementthemen hinaus und umfasst Aspekte wie Kooperation und Konfliktmanagement, Entscheidungsprozesse, Kommunikation, Umgang mit Mitarbeitern, Umgang mit Emotionen etc. Kurz: Führung des Unternehmens als systemisch umfassende Leistung.

Dieses Tool dient dazu, die gemeinsamen Führungsherausforderungen noch klarer und transparenter zu machen und weiter zu verbessern. Insbesondere, wenn bisher hauptsächlich an Geschäfts- und Managementthemen gearbeitet wurde und die gemeinsamen Führungsthemen zu kurz kamen und jetzt eine gemeinsame Bearbeitung brauchen.

8.3.6.1 Herausforderung/Problemstellung

- Führungsherausforderungen sind nicht oder nur unvollständig bekannt.
- Führungsherausforderungen wurden noch nicht transparent dargestellt.
- Das Führungsteam ist noch nicht genügend ausgerichtet.
- Im Führungsteam gibt es zunehmend Konflikte und weniger Vertrauen.
- Die Führungskooperation ist wenig ausgeprägt.
- Die Stimmung im Führungsteam ist schlecht bzw. ambivalent.
- Der Umgang mit bzw. die Führung der Mitarbeiter war noch kein Thema im Krisenmanagement.

8.3.6.2 Ziele/Nutzen

- Die Führungsherausforderungen sind transparent und klar benannt.
- Das Führungsteam hat ein gemeinsames Problembewusstsein bzgl. aller relevanter Führungsthemen.
- Das Führungsteam hat sich über wesentliche Elemente und Anforderungen der Kooperation verständigt.
- Die Prinzipien der Führung wurden der Situation entsprechend aktualisiert.

8.3.6.3 Vorgehen

Schritt 1
Stellen Sie sich im Führungsteam folgende Fragen:

- Worauf kommt es jetzt in der Führung an?
- Was hat sich geändert und was bedeutet das für unsere Führung?
- Welche Führungsthemen sind dringend anzugehen?
- Was erwarten die wichtigsten Stakeholder, die Organisation und die Mitarbeiter von uns?
- Wo „klemmt" es bei uns in der Führung?

Bilden Sie Gruppen von 3–5 Führungskräften und diskutieren Sie die Themen. Halten Sie die wichtigsten Erkenntnisse auf Flipchart oder Pinnwand fest. Identifizieren Sie die drei wichtigsten Themengebiete.

Schritt 2

Die Gruppen präsentieren ihre Ergebnisse im Plenum. Durch Dialog und Diskussion werden diese verdichtet. Nach Abschluss der Diskussion folgt die Entscheidung, welche Themen weiter vertieft und wofür Lösungen erarbeitet werden sollen. Mögliche Wege der Entscheidungsfindung:

- Konsens oder Mehrheitsentscheidung
- Im Falle von Mehrheitsentscheidung:
  - Die erarbeiteten Themen werden durch alle Teilnehmer mit Moderationsklebepunkten priorisiert und die wichtigsten Themen in die Bearbeitung gegeben. Oder:
  - Das jeweils wichtigste Thema einer Gruppe wird vertieft.

Erfahrungsgemäß bringt die Bepunktung immer die wichtigsten und dringlichsten Themen zum Vorschein. Bewährt hat sich die Vergabe von 3 Punkten pro Teilnehmer, die der Teilnehmer auf die Themen vergeben kann, wie er will, z. B. alle Punkte für ein Thema, 3 Punkte verteilt auf 3 Themen etc.

Schritt 3

Die wichtigsten Themen werden in Arbeitsgruppen vertieft. Folgende Fragen könnten bei der Bearbeitung hilfreich sein:

- Vertiefung: Warum erscheint uns das Thema als besonders wichtig?
- Was sind die Ziele?
- Was ist genau zu tun bzw. zu ändern?
- Wer hat was zu tun? Wie ist die Rollenverteilung?
- Welche Ressourcen braucht es?
- Wie sieht die grobe zeitliche Planung der Umsetzung aus?
- Welche Hindernisse und Schwierigkeiten könnten in der Umsetzung bestehen?

Arbeitsergebnisse auf Flipchart bzw. Pinnwand festhalten

Schritt 4

Die Ergebnisse werden im Plenum vorgestellt. Es folgt die Diskussion und ggf. Anpassung der Konzepte, Vorschläge, Planungen etc.

Falls weitere Ausarbeitungen notwendig sind, werden diese an eine Arbeitsgruppe delegiert, die nach dem Workshop das Thema weiter verfolgt.

Sind Themen bereits zur Umsetzung reif, werden Verantwortlichkeiten bzgl. der Umsetzung, Zeiten, Monitoring etc. festgelegt.

Schritt 5

Es wird eine Vereinbarung getroffen, wann und wie die vereinbarten Themen bzgl. der Durchführung gemeinsam kontrolliert werden, inkl. Selbstreflexion und Lernschleifen.

Rahmenbedingungen

- **Zeit:**
  Schritt 1 und 2 ca. 2–3 Stunden
  Schritte 3–5 von 0,5 bis 1,5 Tage je nach Themenanzahl, Teilnehmeranzahl, Tiefe und Genauigkeit der Ausarbeitung. In der Regel aber 0,5 Tage
- **Teilnehmer (Optionen):**
  Im (Führungs-)Team
- **Räumliche Erfordernisse:**
  Seminar Raum/Räume
- **Hilfsmittel:**
  Ausreichend Pin-Bords oder Flipcharts und -papier, Moderationsmaterial (Stifte, Karten etc.)

8.3.6.4 Anmerkungen zur Wirkungsweise

Dieses Vorgehen zeigt große Wirkung für eine Führungsmannschaft, vorausgesetzt, es besteht genügend Mut, Vertrauen und Offenheit, auch schwierige Themen anzusprechen. Wichtig ist, die Umsetzung konsequent zu monitoren sowie Feedbackschleifen zu vereinbaren und die Umsetzung sicher zu stellen. Ansonsten verpufft die Wirkung, die ggf. zu Beginn erzielt wurde.

▸ **Expertentipp** Variationen sind denkbar. So kann z. B. nach Schritt 1 und 2 die Arbeit im Führungsteam beendet werden. Schritt 3 findet außerhalb des Workshops in Arbeitsgruppen statt. Schritt 4 und 5 werden in einem späteren Meeting bearbeitet.
Da die Bearbeitung des Themas eine gute Kommunikation zwischen den Beteiligten benötigt, ist ein Moderator, der nicht inhaltlich in die Diskussion eingreift und die Gespräche leitet, empfehlenswert. Der Moderator sollte auch die Vorbereitung gemeinsam mit dem Auftraggeber

und ggf. weiteren Teilnehmern des Workshops/Meetings in die Hand nehmen.

8.3.7 Kleine Entscheidungshilfe für Führungsteams

Im Laufe der Krisenbewältigung werden eine Vielzahl von schwierigen Entscheidungen zu treffen sein – auch und gerade in Führungsteams. In komplexen, unübersichtlichen Situationen ist dies bereits an sich eine besondere Herausforderung. Noch anspruchsvoller ist dies, wenn in einer Gruppe solche häufig richtungsweisende Entscheidungen vorbereitet oder getroffen werden sollen. Die folgenden Tools sollen Führungsteams helfen, solche Entscheidungen vorzubereiten bzw. zu treffen.

8.3.7.1 Herausforderung/Problemstellung

- Sie müssen eine komplexe, richtungsweisende Entscheidung treffen.
- Sie sind sich nicht sicher, was die beste Entscheidung ist.
- Es gibt viele unterschiedliche Lösungs-/Entscheidungsmöglichkeiten.
- Sie wollen im Team eine Entscheidung treffen bzw. vorbereiten.
- Sie wollen das Wissen und die kollektive Intelligenz des Teams bei der Entscheidungsfindung nutzen.
- Sie wollen im Team eine möglichst breit getragene Entscheidung, die qualitativ hochwertig ist, erreichen.
- Sie wollen bei der Entscheidungsfindung möglichst „auf Nummer sicher" gehen.

8.3.7.2 Ziele/Nutzen

- Überprüfung der Entscheidungsfindung
- Sicherstellung einer Entscheidung, zu der Sie und das Team ganz stehen können (bewusst, emotional und körperlich)
- Nutzung der „ganzen kollektiven Intelligenz" und möglichst allen Wissens, das Ihnen zur Verfügung steht
- Möglichst viel Klarheit bei der Entscheidungsfindung

8.3.7.3 Vorgehen

Schritt 1
Sammeln Sie möglichst alle relevanten Daten, Inhalte und Informationen für die Entscheidungsfindung. Bewerten Sie die Informationen. Formulieren Sie Ziele und

bilden Sie Lösungsmodelle. Bewerten Sie die unterschiedlichen Lösungsmodelle. Suchen Sie die zwei bis drei besten Varianten heraus.

Schritt 2

Stellen Sie in einem Seminar-/Meetingraum vier Flipcharts in jeweils eine Ecke. Wählen Sie von Ihren Entscheidungsoptionen, die zwei von der Gruppe präferierten Varianten aus und schreiben Sie auf jeweils ein Flipchart: „Lösung 1" und „Lösung 2".

Die beiden übrig gebliebenen Flipcharts nutzen und beschriften Sie wie folgt:
Flipchart 3: „Eine ganz andere Lösungsmöglichkeit"
Flipchart 4: „Wir treffen keine Entscheidung"

Schritt 3

Teilen Sie sich nach Möglichkeit in vier Untergruppen auf und verteilen Sie sich auf die vier Flipcharts. Bei jedem Flipchart stellen sich die Untergruppen die Fragen:

- Welche Gedanken haben Sie (Ratio)?
- Welche Gefühle (Emotion) haben Sie?
- Was sagt Ihnen Ihr Körper?
- Passt alles drei zusammen?

Beispiel: Meine Ratio sagt „Das ist die beste Lösung", meine Gefühle sind durch Unwohlsein geprägt, mein Körper ist verspannt.

Da alle drei Punkte nicht in Einklang sind, wäre noch mal genauer zu überprüfen, was dazu führt, dass emotional und körperlich die rational beste Lösung nicht unterstützt wird. Was lauert im Unterbewussten etc.?

Halten Sie die wesentlichen Ergebnisse der Untergruppen auf den jeweiligen Flipcharts fest.

Schritt 4

Wechseln Sie jeweils nach einer Aufgabe das Flipchart und arbeiten Sie am nächsten Flipchart mit der gleichen Fragestellung zur nächsten Entscheidungsoption. Halten Sie die Ergebnisse der Untergruppe wieder auf dem jeweiligen Chart fest. Ergänzen Sie die Ergebnisse der bisherigen Untergruppen. Kommentieren Sie ggf. die Ergebnisse der Untergruppen, die bereits auf dem Flip stehen.

Wechseln Sie insgesamt viermal, so dass jede Untergruppe zu jedem Thema gearbeitet hat.

Schritt 5

Werten Sie die Ergebnisse insgesamt im Plenum aus. Gehen Sie dazu noch einmal zu jedem Flipchart und schauen sie sich die gesammelten Ergebnisse an. Lassen Sie sich ggf. Punkte erklären, wenn Sie nicht verständlich sind. Diskutieren Sie dann an Hand folgender Fragen im Plenum:

* Was ist jetzt das beste Ergebnis/die besten Ergebnisse?
* Welche (neuen) Erkenntnisse gibt es?
* Ändert dies etwas an unserer ursprünglichen Präferenz?

Wo passen alle drei Ebenen (Ratio, Emotion, Körper) im positiven Sinne am besten zusammen? Beispiel: Rational ist das eine gute Lösung, emotional fühle ich mich wohl, mein Körper ist kraftvoll und entspannt.

Wenn wir die jetzt präferierte Entscheidung so treffen würden, welche Konsequenten hätte das?

Schritt 6

Treffen Sie noch keine abschließende Entscheidung, sondern lassen Sie die Erkenntnisse sacken. Wenden Sie sich anderen Aufgaben/Dingen zu und denken Sie nicht mehr an die Problemstellung/die zu treffende Entscheidung. Falls Sie im Workshop sind, arbeiten sie zu anderen Dingen oder machen sie eine größere Pause. Falls Sie bei der Arbeit sind, vertagen sie sich und treffen sich mit einigem Abstand (2–3 Stunden, falls möglich) wieder oder nehmen in einem Meeting diesen Punkt wieder zu Ende des Meetings auf. Falls möglich, schlafen Sie einmal darüber.

Treffen Sie die Entscheidung dann zu dem späteren Zeitpunkt möglichst ohne noch mal in Diskussionen zu verfallen.

Wichtiger Durchführungshinweis

Bereits zu Beginn der Übung sollte der Entscheidungsfindungsprozess explizit klar sein:

* Wer trifft die Entscheidung?
* In welchem Modus?

Beispielsweise:

* Trifft die oberste Führungskraft die Entscheidung allein und ist das Führungsteam Sparringspartner/Berater?

Oder aber:

• Wird per einfacher, qualifizierter Mehrheit oder gar im Konsens entschieden? Aus unserer Erfahrung ist dies sehr erfolgskritisch, da bei fehlender Transparenz bzgl. des Entscheidungsfindungsprozesses erhebliche Störung und Verärgerung auftritt und dies die Arbeitsfähigkeit des Teams nachhaltig negativ beeinflusst. Andersherum: bei Transparenz und Klarheit kann das Team/die Gruppe seine volle Kreativität und Wirkung entfalten- auch und gerade langfristig und nachhaltig.

Rahmenbedingungen

• **Zeit:**
 Schritt 1, 2, 3, 4 und 5 ca. 1,5–2 Stunden
 Schritt 6 so kurz wie möglich und nötig um die Entscheidung ohne Reflexion und Diskussion zutreffen (in der Regel eine/wenige Minute(n))
• **Teilnehmer (Optionen):**
 Das Führungsteam, dass die Entscheidung zu treffen/vorzubereiten hat
• **Räumliche Erfordernisse:**
 Ruhiger Raum mit genügend Platz
• **Hilfsmittel:**
 4 Flipcharts, Stifte

8.3.7.4 Wissenswertes
Da ein Entscheidungsfindungsprozess in der Gruppe etwas komplexer und aufwendiger ist und einige Dynamik in der Gruppe entfalten kann, ist es manchmal hilfreich,

• entweder einen Moderator aus der Gruppe zu nehmen, der sich nicht an der Diskussion beteiligt und den Prozess führt (idealerweise hat diese Person Moderationserfahrung)
• oder Sie nehmen eine Person als Moderator, die nicht zur Gruppe gehört (Externer, Personaler oder Führungskollege aus anderem Team)

8.3.8 Kollegiale Fallberatung

Die kollegiale Fallberatung ist eines der effektivsten und effizientesten Beratungs- und Unterstützungstools für Führungskräfte. Dies hat sich auch in unserer Praxis in der Krise mehr als bewährt.

Sie besticht vor allem durch

- hohe Praxisorientierung
- einfache Anwendung
- praktische Lösungen
- beinahe jederzeit mögliche Durchführbarkeit
- Kollegialität
- hohen Wirkungsgrad

Ein nicht zu unterschätzender Nebeneffekt ist die positive Wirkung, die die kollegiale Fallberatung auf die Vernetzung der Führungskräfte untereinander und damit die Etablierung, Stabilisierung und Ausweitung der Führungskooperation hat.

Diese Wirkungen werden hauptsächlich dadurch erreicht, dass Kollegen, die nahe an der relevanten Praxis sind, in einer besonders strukturierten Form den Kollegen, der das Problem/den Fall einbringt, beraten und Feedback geben. Der wesentliche „Trick" dabei ist, dass der Fallgeber nicht sofort etwas sagen kann, wenn er den Fall beschrieben hat, sondern in verschiedenen Schritten hört, was die Kollegen dazu sagen. Im „normalen" Leben tendieren wir dazu, sowohl in der emotionalen Reaktion, im Verhalten als auch in der Kommunikation sofort und unreflektiert zu reagieren. Dies beinhaltet häufig folgende Reaktionsmuster: Sofortiges richtig stellen oder in Frage stellen der Lösungen, „Zerreden" der Lösung etc. Anders ausgedrückt: Wir bleiben in unserer Welt und in unseren persönlichen Verhaltensmustern und beschränken uns dadurch in den Lösungsmöglichkeiten. Ein Perspektivenwechsel wird dann eben nicht möglich. Genau darin liegt aber die Stärke dieses Ansatzes: Perspektivenwechsel und -erweiterung, Erkennen bisher nicht erkannter Lösungen und/oder Neueinschätzung schon (wahrscheinlich zu früh) verworfener Lösungen.

Das strukturierte „Nichts sagen können" führt jetzt aber dazu, dass alternative Analysen der Problemlage und Lösungen von den Kollegen auch ganz ausgesprochen werden können. Dadurch, dass nicht sofort geantwortet werden kann, kann das Gesagte auch „innerlich sacken". Eine neue Erkenntnis wird möglich. Der Fallgeber kann länger reflektieren und wirklich gute Analysen und Lösungen werden auf einmal von allen ernsthaft(er) betrachtet und als vielleicht sinnvoll gesehen. Kurzum, der Lösungsraum erweitert sich.

In der Krise ist dies doppelt hilfreich und effektiv, da Stress und Druck uns häufig so gefangen nehmen, dass die Aufmerksamkeit schnell und stark auf eine bzw. wenige Lösungen reduziert wird. Diese Fokussierung ist durchaus hilfreich und sinnvoll, um Dinge kraftvoll und schnell zu bewegen. Wenn dies allerdings zu früh geschieht, insbesondere in unübersichtlichen und komplexen Situationen, kann dies schnell in die falsche Richtung führen. Durch die kollegiale Fallberatung wird man gezwungen, noch mal genauer hinzusehen, bevor man in Aktion tritt.

8.3.8.1 Herausforderung/Problemstellung

Im Grunde jede Herausforderung/Problemstellung in der Krise.

- Die Mitarbeiter sind unmotiviert.
- Die Stimmung ist schlecht.
- Konflikte im Team nehmen zu.
- Die Kostensituation läuft aus dem Ruder.
- Die Kunden werden „schwieriger".
- Der Absatz bricht ein.
- Gewohnte Prozesse greifen nicht mehr.
- Bisherige Lösungen funktionieren nicht mehr.
- Stärken wirken nicht mehr beim Kunden/im Markt.
- …

8.3.8.2 Ziele/Nutzen

- Ein genaues Verständnis der Situation ist erarbeitet.
- Dem Problem ist auf den Grund gegangen worden.
- Alternative Analysen sind gebildet.
- Hypothesen bzgl. der Herausforderungen sind aufgestellt.
- Möglichst viele, auch anscheinend „verrückte" Lösungsmöglichkeiten sind erarbeitet.
- Ein Perspektivenwechsel ist vollzogen.
- Die eigene „Komfortzone" wurde verlassen.
- Weitere Aktionen sind überlegt.

8.3.8.3 Vorgehen

Schritt 1
Der Fallgeber beschreibt das bestehende Problem/die Herausforderung, die ihn umtreibt bzw. für die eine Lösung gebraucht wird. Hierbei formuliert er möglichst konkret die offene Frage bzw. das zu lösende Anliegen.
    Zeit: 5 Minuten

Schritt 2

Anschließend stellen die zuhörenden Kollegen ausschließlich Verständnisfragen, um sicherzustellen, dass sie die Situation und das Problem wirklich verstanden haben. Wichtig ist, nicht schon Hypothesen über das Problem zu formulieren oder gar Lösungen zu generieren. Das Problem/die Herausforderung soll möglichst klar werden. Meistens dient dies auch für den Fallgeber selber, noch mal mehr Klarheit für das Anliegen zu bekommen.

Zeit: 10 Minuten

Schritt 3

Nun analysieren die zuhörenden Kollegen die erhaltenen Informationen und stellen Vermutungen und Interpretationen an. Außerdem versetzen sie sich in die Lage der verschiedenen an der Situation beteiligten Personen und äußern Empfindungen, wie es ihnen in der Situation gehen würde.

Wichtig

*   Der Teilnehmer, der die Situation geschildert hat, hört ausschließlich zu!
*   Die Kollegen bilden im Brainstormingverfahren möglichst viele und verschiedene Hypothesen.
*   Jede geäußerte Hypothese – so seltsam sie auch erscheinen mag – wird anerkannt.
*   Die Hypothesen werden von den Kollegen nicht diskutiert oder zerredet; es geht darum, möglichst viele verschiedene Perspektiven auf das Problem zu erarbeiten.

Zeit: 15 Minuten

Schritt 4

Nach Abschluss der Analyse durch die Teilnehmer kann sich der zu beratende Teilnehmer selbst äußern. Hierbei geht es allerdings nicht darum, jeden Hinweis zu kommentieren oder zu rechtfertigen, sondern zurück zu spiegeln, inwieweit einzelne Aspekte dem Teilnehmer bekannt oder für ihn auch neu und vielleicht überraschend gewesen sind. Weiterhin sollte er Hinweise geben, welche Gedanken hilfreich für ihn waren und welche eher nicht hilfreich erscheinen. Dies wiederum ermöglicht den Kollegen zu verstehen, ob der Fallgeber bzgl. des Verstehens der Situation hilfreiche Aspekte aufgezeigt hat. Da Hypothesenbildung und Lösungssuche im Denkprozess miteinander verknüpft sind, ist dies auch für die Formulierung hilfreicher Lösungen wichtig.

Zeit: 5 Minuten

Schritt 5

Nun erarbeiten die Zuhörer Lösungsideen bzw. Handlungsalternativen. Auch hier gelten *strikt* folgende Regeln:

- Der Teilnehmer, der die Situation geschildert hat, hört ausschließlich zu!
- Die Kollegen bilden im Brainstormingverfahren möglichst viele und verschiedene Lösungen.
- Jede geäußerte Lösung – so seltsam sie auch erscheinen mag – wird anerkannt.
- Die Lösungen werden von den Kollegen nicht diskutiert oder zerredet; es geht darum, einen möglichst großen und diversen Lösungsraum und viele Lösungsalternativen zu erarbeiten.

Zeit: *15 Minuten*

Schritt 6

Nach Abschluss der Erarbeitung von Lösungsideen bzw. Handlungsalternativen durch die Teilnehmer kann sich der zu beratende Teilnehmer selbst äußern. Auch hier geht es darum, zurück zu spiegeln, inwieweit einzelne Aspekte für den Teilnehmer neu und hilfreich gewesen sind, wie er die Lösungsideen einschätzt und welche Vorschläge er versucht umzusetzen und welche nicht.

Zeit: *5 Minuten*

Wichtig!!

Nehmen Sie ein Flipchart zur Hilfe und visualisieren Sie alles, was Sie darstellen und erarbeiten, damit es nicht verloren geht!!

Rahmenbedingungen

- **Zeit für die Übung:**
  ca. 60 Minuten
- **Teilnehmer:**
  Mit mehreren Teilnehmern. Minimum 2 Personen plus Sie selber
  Eignet sich auch sehr gut bei Führungskräfte-/Strategieworkshops
- **Räumliche Erfordernisse:**
  Ruhiges Büro oder Meeting Raum
- **Hilfsmittel:**
  Flipchart und Moderationstifte

8.3.8.4   Anmerkungen zur Wirkungsweise

So einfach und so effektiv!! Wir haben in unserer beruflichen Praxis noch nie jemanden gefunden, der dieses Beratungstool nicht hilfreich fand. Es gilt auch: je kompetenter die Kollegen und je diverser – im Sinne von Nähe zur Praxis und/oder Spezialwissen und/oder Persönlichkeit – desto effektiver.

8.3.8.5   Wissenswertes

Ein Tool, das die systemische Theorie und Praxis in bester Form repräsentiert. „Das System kennt (bereits) die Lösung", man braucht lediglich einen guten Prozess und eine gute Struktur, um die Problemmuster, die verschiedenen und vielseitigen Perspektiven sowie die Lösungsperspektiven herauszuarbeiten und zur Geltung zu bringen.

> **Expertentipp** Versuchen und vor allem – immer wieder einsetzen. Häufig kocht man als Führungskraft lange im eigenen Saft und kommt der Ursache eines Problems nicht auf die Spur oder findet keine Lösung. Das gilt besonders unter Druck und Stress. Eine gut investierte Stunde mit den Kollegen und schon ist die Lösung da! Und je öfter man es anwendet, desto besser und effektiver wird man gemeinsam.

Literatur

Dörner D, Schaub H (1995) Handeln in Unbestimmtheit und Komplexität. Organisationsentwicklung 95(3):34–47

Dörner D (2009) Logik des Misslingens. Rowohlt, Reinbek

Higgins ET (1998) Promotion and prevention: regulatory focus as a motivation principle. In: M.P. Zanna (Hrsg.) Advances in Experimental Social Psychology. New York, S 1–46

Kotter JP (2009) Inseln im Sturm. Organisationsentwicklung 3:12–16

Nagel R, Wimmer R (2004) Systemische Strategieentwicklung. Klett-Cotta, Stuttgart

Scheuss R (2008) Handbuch der Strategien. Campus, Frankfurt, New York

Senge PM, Kleiner A, Smith B, Roberts C, Ross R (1999) Das Fieldbook zur Fünften Disziplin. Klett-Cotta, Stuttgart

Whitmore J (2006) Coaching für die Praxis. Staufen

Wimmer R (2009) Kraftakt radikaler Umbau. Organisationsentwicklung 3:4–11

Führung von Mitarbeitern

Führungskräfte – insbesondere erfahrene – beherrschen in der Regel Ihr Führungsgeschäft unter „normalen" Bedingungen und im operativen Geschäft. In den meisten Fällen wurden Führungskräfte mehr oder weniger gezielt an die Führungsaufgabe herangeführt und wurden für diese Aufgabe entsprechend vorbereitet. Da Veränderungsprozesse heute auch immer häufiger vorkommen und fast schon die Regel sind, ist auch der Umgang mit diesen in der Regel bekannt, sofern sie nicht allzu tief greifend und radikal sind.

Anders verhält es sich mit sehr komplexen Situationen, Krisen und Umbrüchen. Die Bedingungen, unter denen Mitarbeiter und Teams hier zu führen sind, weichen deutlich vom normalen Tagesgeschäft und dem „normalen" Change ab. Viele Führungskräfte sind dann auf einmal mit Fragen und Herausforderungen der Mitarbeiter- und Teamführung konfrontiert, auf die sie selbst noch keine Antwort haben:

- Wie führe mit unklaren, vielschichtigen und widersprüchlichen Zielen?
- Wie führe ich ohne erkennbare mittel- und/oder langfristig Ziele?
- Wie führe ich ohne Entwicklungsperspektive und mögliche Anreize?
- Wie gehe ich mit der (extremen) Unsicherheit meiner Mitarbeiter um?
- Wie reagiere ich auf die nicht unerheblichen und vielfältigen Emotionen?
- Wie führe ich Mitarbeiter, wenn laufend neue Überraschungen auftreten?
- Wie führe ich Mitarbeiter, wenn immer wieder schlechte Nachrichten auftauchen?
- Wie führe ich, wenn keine Lösung in Sicht ist und ich keine Antwort habe?
- Wie führe ich, wenn die Lösung für die Organisation für mich und/oder meine Mitarbeiter gravierende Konsequenzen hat?

Auch erfahrene Führungskräfte kommen dann an ihre Grenzen, insbesondere, wenn diese Situationen komplett neu und sie nicht vorbereitet sind.

F. Saur und H. Ellebracht, *Führen in schwierigen Zeiten*,   129
DOI 10.1007/978-3-8349-3693-6_9, © Springer Fachmedien Wiesbaden 2014

Die Führungskraft hat in dieser Situation in besonderer Weise Verantwortung. Sie muss die Probleme angehen und lösen, sie muss Entscheidungen treffen, die Mitarbeiter unterstützen, ihnen Sicherheit und Orientierung geben in Form von emotionaler und sozialer Sicherheit, sie muss Authentizität und Persönlichkeit zeigen und für die Mitarbeiter anwesend und sprechbar sein. Sie muss mit den Mitarbeitern in sehr schwierigen Situationen in den Dialog treten und mit ihren Emotionen konstruktiv umgehen können.

Diese Führungsaufgaben sind unter extremen Bedingungen wie teils erheblichem Druck, Unsicherheit und Stress zu bewältigen. In der Regel versagen in einem solchen Fall die bisher genutzten und gelernten Führungskonzepte und es braucht neue Führungsinstrumente.

Das Konzept der problemorientierten Führung ist ein Ansatz (Bruch und Menges 2009; Bruch und Vogel 2009), um in Krisensituationen zu führen. Sie basiert auf dem Konzept der organisationalen Energie. Dieser Ansatz entstand durch Analyse von erfolgreichen und weniger erfolgreichen Veränderungsprozessen in Unternehmen. Erfolgreich waren jene Prozesse, bei denen es der Führung gelang, Energie für den Wandel in der Organisation zu erzeugen (Abb. 9.1).

Grundsätzlich sind nach Bruch zwei Führungsstile bzw. Mobilisierungsstrategien für die Führung möglich, um organisationale Energie zu erzeugen. Die erfolgsorientierte Führung bzw. die Mobilisierungsstrategie des „Winning the Princess" setzt darauf, die Zukunftschancen in den Vordergrund zu rücken und Perspektiven aufzuzeigen. Über erfolgsorientierte Motivation, eine starke Vision, klare und motivierende Ziele, eine positive Zukunftsvorstellung, ein hohes Maß von Handlungsspielraum und Eigenmotivation der Mitarbeiter versucht sie, die notwendige Energie für die Veränderung und die Unternehmensentwicklung zu mobilisieren. Dieser Führungsstil basiert auf Führungstheorien der jüngeren Zeit, die als New Leadership Theories bekannt sind. Alle diese Ansätze (transformationale Führung, authentische Führung, charismatische Führung, emotionale Führung) betonen, dass Führung im Wesentlichen auf positiven Emotionen basieren sollte. Positive Emotionen ermöglichen die notwendige Energie bei den Mitarbeitern und in der Organisation für die zielgerichtete Unternehmensentwicklung und Transformation. Tatsächlich sind das Entwickeln und Nutzen von positiven Emotionen wirkungsvolle Mittel für erfolgreiche Führung und werden auch in komplexen Situationen hilfreich sein, um Mitarbeiter für eine komplexe Unternehmensentwicklung zu gewinnen.

In einer massiven Krise und unter massiver Verunsicherung scheint dieser Führungsstil allerdings nicht angemessen und kann sehr kontraproduktiv wirken.

Der zweite Führungsstil, den Bruch (Bruch und Menges, 2008, S. 2 ff.; Bruch und Vogel 2009, S. 92 ff.) vorschlägt, scheint hierfür adäquater zu sein. Die problemori-

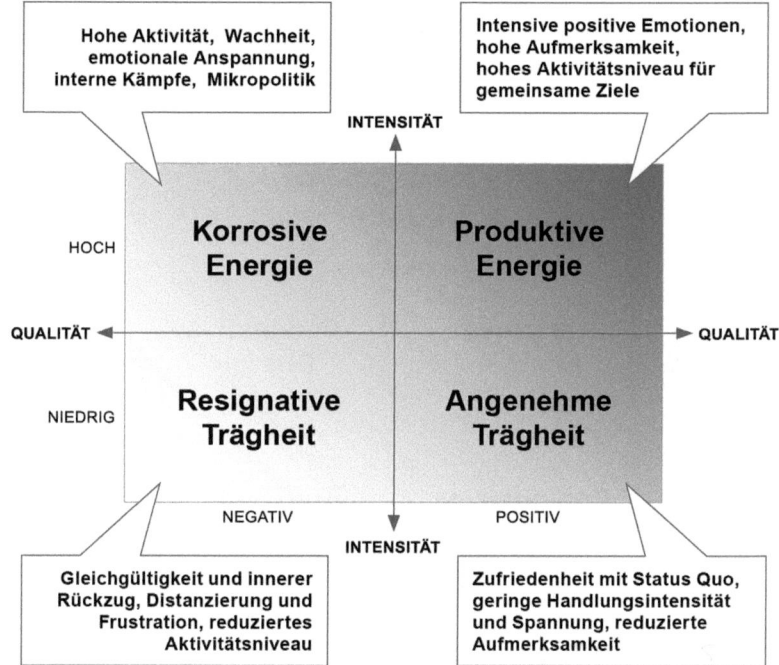

Abb. 9.1 Organisationale Energie nach Bruch und Vogel (2009)

entierte Führung bzw. die Mobilisierungsstrategie des „Slaying the Dragon" geht davon aus, dass angesichts der negativen Emotionen, die durch die Krise bei den Mitarbeitern entstanden sind, durch Aufzeigen positiver Zukunftschancen keine produktive organisationale Energie mobilisiert werden kann (Abb. 9.2). Die Mitarbeiter werden positive Zukunftschancen im Moment der Krise und der damit verbundenen negativen Emotionen nicht als realistisch einschätzen. Im Gegenteil – viele Beschäftigte reagieren auf Krisen und die damit einhergehenden Reorganisationsmaßnahmen (inklusive drohendem Arbeitsplatzverlust) mit Ärger und Angst. Das Aufzeigen eines positiven Zukunftsbildes könnte die Mitarbeiter in ihrer aktuellen emotionalen Verfassung nicht erreichen. Würde eine Führungskraft z. B. eine positive Vision der Zukunft entwerfen, wenn durch Restrukturierungsmaßnahmen ein hoher Anteil der Arbeitsplätze verloren ginge, würde die Führung vielleicht sogar riskieren, Ihre Glaubwürdigkeit zu verlieren.

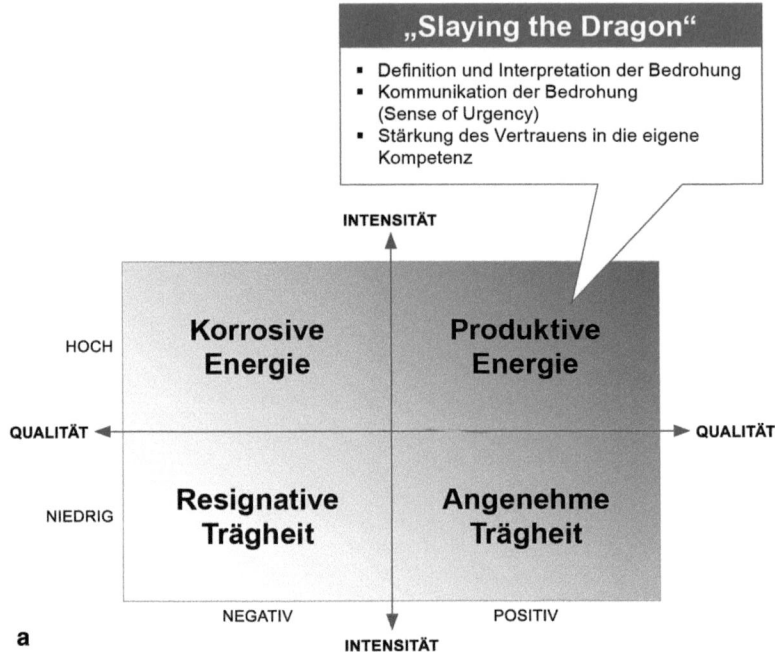

Abb. 9.2 Mobilisierungsstrategie „Slaying the dragon" nach Bruch und Vogel (2009)

Darüber hinaus müsste die Führung dann bereits eine klare Strategie und ein positives Bild der Zukunft haben, was in wirklich überraschenden und harten Krisen nicht der Fall sein dürfte. Die Wiederherstellung eines tragfähigen Zukunftsbildes bzw. Geschäftsmodells ist in der Regel ja eine der zwingenden Aufgaben des Managements, um die Krise zu bewältigen. Dies muss unter hohem Zeitdruck und mit noch geringem Wissen über die möglichen zukünftigen Entwicklungen des Unternehmens, des Umfelds und der Märkte geschehen, während im ersten Schritt schnelles und konsequentes Handeln gefordert sind, um die stark veränderte Unternehmensentwicklung in den Griff zu bekommen, damit die Organisation nicht komplett kollabiert. In der Regel wird das durch Effizienzsteigerung, Kostenreduktion, Personalabbau und Wiederherstellung der Liquidität erreicht. Die Bedrohung aufzuzeigen, die negativen Emotionen der Mitarbeiter konstruktiv zu nutzen und Ihnen Orientierung und mehr Sicherheit zu geben, um zunächst die Bedrohung abzuwenden, ist Basis des Konzepts der problemorientierten Führung.

Das Konzept basiert u. a. auf dem Regulatory Fit Konzept von Higgins (1998). Danach können Menschen grundsätzlich zwei verschiedene Ziele verfolgen. Ein Ziel ist Erfolgsorientierung und somit das Streben nach positivem Ergebnis und Gewinn. Das andere Ziel ist, ein unerwünschtes Ergebnis und Verluste zu vermeiden. Die meisten positiven Führungsstile sind durchweg erfolgsorientiert und versprechen positive Ergebnisse wie Gewinne und/oder Anerkennung.

Das Führungsleben bietet aber trotz der Erfahrungen längerer Wachstumsphasen der Ökonomie nicht immer nur Gewinne und Erfolge. Es kann durchaus sein, dass Unternehmen und Führungskräfte zunehmend auch vor der Herausforderung stehen, dass Krisen und „Down-turns" zum Führungsalltag gehören. Dies zeigt sowohl der Prozess der Globalisierung, der Flexibilität von Unternehmen im zunehmend dynamischen Umfeld verlangt, als auch die Finanzmarkt- und Verschuldungskrise mit ihren Konsequenzen.

Die problemorientierte Führung offeriert in diesem Fall einen Führungsstil, bei dem es nicht darum geht, Großes zu erreichen, sondern Schlimmeres zu verhindern. Das Ziel ist, Verluste zu vermeiden und Gefahren abzuwenden.

Erfolgsorientierte und problemorientierte Führung widersprechen sich nicht. Sie sind die zwei Seiten derselben „Führungs-Medaille". In Zeiten des Wachstums ist erfolgsorientierte Führung ein wirkungsvoller Führungsstil. In Zeiten der Krise und des Überlebens dürfte problemorientierte Führung bessere Führungsergebnisse liefern. Je nach Situation und Kontext kann eine passende und sich mit der Unternehmens- und Wirtschaftsdynamik verändernde Mischung der beiden Führungsstile zu adäquater Führung beitragen (Abb. 9.3).

Erfolgsorientierte Führung „Winning the Princess"	Problemorientierte Führung „Slaying the Dragon"
Vorbildhandeln Erfolgsorientierte Motivation Geistige Anregung Individuelle Berücksichtigung	Kompromisslosigkeit bei Problemen Betonung von Bedrohungen Mut zu kritischem Feedback Fokussierung auf gemeinsame Problemverhinderung und -lösung

Die Grundlogik des Prozesses der problemorientierten Führung basiert auf Stressmodellen. Stress entsteht, wenn eine Lage als Bedrohung empfunden wird. Dies ist der erste Schritt der Lageeinschätzung (Primary Appraisal).

Im nächsten Schritt wird man prüfen, wie man mit der Bedrohung am besten umgehen kann (Secondary Appraisal). Im Wesentlichen gibt es dann zwei Möglichkeiten, um den Stress abzubauen. Man kann die Bedrohung durch aktives, ziel- und lösungsorientiertes Handeln zurückdrängen bzw. abwenden. Dies wird problemfokussiertes Coping genannt.

Abb. 9.3 Problemfokussiertes/emotionsfokussiertes Coping

Kann man die Bedrohung nicht oder zunächst nicht direkt abwenden, versucht man den Stress und die Emotionen zu verringern, indem man sich direkt mit den Emotionen beschäftigt. Dies kann man durch Ablenkung, Unterdrückung oder viel besser und nachhaltig effektiver mit bewusster Entwicklung bzw. Weiterentwicklung der mit der Emotion verbundenen Gefühle und Denkmuster erreichen. Dieses Vorgehen wird emotionsfokussiertes Coping genannt (Bruch und Menges 2008, S. 4 ff.).

In Krisensituationen gilt

- Mitarbeiter sind positiven Zukunftsbildern und positiven Emotionen weniger zugänglich.
- Die Möglichkeit, Probleme zu beseitigen, mobilisiert eher Energien als positive Zukunftsbilder.

- Problemorientierte Führung nutzt negative Emotionen, um Probleme zu beseitigen (problemfokussiertes Coping).
- Negative Emotionen müssen konstruktiv bearbeitet und bewältigt werden (emotionsfokussiertes Coping).
- Problem- und emotionsfokussiertes Coping ergänzen sich.

Beide Coping-Prozesse führen zu einer Überprüfung und neuer Einschätzung der Lage (Reappraisal). Führen die Coping-Prozesse zu positiven Ergebnissen im Umgang mit der Bedrohung, kommt es zur Erleichterung. Falls nicht, besteht die Emotion solange fort, bis eine Lösung gefunden wurde. Der Prozess der Bewältigung dauert also solange an bzw. wiederholt sich so oft, bis eine Lösung eintritt.

Wie sieht dieser Prozess genau aus:

Schritt 1: Gemeinsames Verständnis für die Bedrohungslage schaffen (Primary Appraisal) Kommt die Führung zu dem Ergebnis, dass es sich um eine Bedrohungslage handelt, geht es darum, ein gemeinsames Verständnis im Unternehmen darüber zu erlangen mit dem Ziel

- die Mitarbeiter dafür zu gewinnen, sich der Bedrohung zu stellen und eine Bereitschaft für die Bewältigung der Bedrohung zu erreichen.
- durch gemeinsame Klärung der Lage die Verunsicherung bei den Mitarbeitern abzubauen und sie auf die Herausforderungen auszurichten.

▸ **Zentrale Punkte des Primary Appraisals**

- Vermittlung der Ursachen der Krise,
- Erläuterung des Ernstes der Situation,
- Aufzeigen der Bedrohung,
- Konsequenzen aufzeigen, wenn nicht gehandelt wird,
- Verdeutlichen, dass es ein schwieriger Prozess wird,
- Aufzeigen von möglichen Einschränkungen, größeren Veränderungen und ggf. persönlichen Härten für die Mitarbeiter,
- Aufgreifen vorhandener Emotionen wie Ärger und Angst,
- Beruhigung von Mitarbeitern, die zu viel Angst und Ärger empfinden,
- Wachrütteln der Mitarbeiter, die die Bedrohung noch nicht erkennen,

- Bündelung der diffusen Verunsicherung und Emotionen zu einem klaren gemeinsamen Bild der Bedrohung,
- Aufzeigen der Möglichkeiten zum Umgang mit der Bedrohung (problem- bzw. emotionsfokussiertes Coping).

Die Ansprache sollte dabei auf mindestens zwei Ebenen erfolgen – auf der sachlichen und der emotionalen Ebene. Auf der sachlichen Ebene wird die Problematik dargestellt, analysiert und bewertet, basierend auf gut strukturierten und nachvollziehbaren Daten und Zahlen. Weiterhin werden die daraus unmittelbar folgenden Konsequenzen und ersten Schritte und Aktionen zur Abwendung der Bedrohung aufgezeigt. Auf der emotionalen Ebene werden die Botschaften und die Aussagen nonverbal unterstützt. Der emotionale Ausdruck der Führungskraft hat dabei eine hohe Wirkung auf die Mitarbeiter. Menschen können durch nonverbale Sprache sehr deutlich erkennen, wie die emotionale Situation ist, in der sich der ihr Gegenüber befindet. Je kongruenter die nonverbale und verbale Kommunikation der Führungskraft ist, desto höher ist die Wirkungskraft der Aussagen. Weiterhin kann die Führungskraft durch das Darstellen und Aufgreifen ihres eigenen subjektiven Empfindens der Situation den Raum öffnen, um über Emotionen sprechen zu können. Sie kann deutlich machen, dass es natürlich ist, negative Emotionen in einer solchen Situation zu haben und dass ein konstruktiver Umgang damit hilfreich ist. Das schließt auch ein, hierüber im Unternehmen konstruktiv sprechen zu können. Mit der Ansprache auf diesen zwei Ebenen werden schon bei der Einschätzung der Lage problem- und emotionsfokussiertes Führen eingeführt und angewandt. Wichtig ist, dass sowohl die sachliche als auch die emotionale Ansprache mit Wertschätzung und Umsicht geschieht und ohne Abwertungen oder Emotionen gegen die Mitarbeiter oder Dritte.

Merke

Ansprache der Mitarbeiter in einer Krise immer auf zwei Ebenen:

- sachliche Ebene,
- emotionale Ebene.

Ansprache immer mit

- Wertschätzung,
- Umsicht,
- positiver Grundhaltung,
- ohne Abwertung.

Schritt 2: Bewältigung der Bedrohung durch problem- und/oder emotionsfokussiertes Coping (Secondary Appraisal) Gibt es eine gemeinsame Einschätzung der Lage, wird man untersuchen, wie man die Bedrohung bewältigen kann und welche Ressourcen zur Verfügung stehen.

Problemfokussiertes Coping setzt hier direkt an den Problemen an. Es werden die Probleme angepackt, die zur Bewältigung der Bedrohung unbedingt gelöst werden müssen und selber gelöst werden können, wodurch sie für die Führung kontrollierbar sind. Dabei werden die Mitarbeiter, soweit es in ihrem Einflussbereich liegt, bei der Problembewältigung beteiligt. Dazu müssen die Mitarbeiter von der Führung erfahren, welchen Beitrag sie zur Bewältigung der Bedrohung beisteuern können.

Emotionsfokussiertes Coping ist dort notwendig, wo die Mitarbeiter oder auch das Unternehmen keinen Einfluss auf die weitere Entwicklung der Bedrohung haben. Die Führung wird in diesem Fall die Mitarbeiter dabei unterstützen müssen, mit den Emotionen konstruktiv umzugehen.

9.1   Problemfokussiertes Coping

Die körperliche Reaktion auf Stress und die damit verbundenen Emotionen lösen eine starke Aktivierung des Organismus aus, der dem Überleben dient. Durch Emotionen wie Angst und Ärger wird dem Bewusstsein angezeigt, dass etwas zu tun ist. Dies löst dann Handlungen aus. Die Führungskraft, die problemfokussiertes Coping anwendet, will die Handlungsaktivierung der Mitarbeiter zur Bewältigung der Krise nutzen. Die Aufgabe besteht darin, den Mitarbeitern aufzuzeigen, wo sie Ihre Handlungskraft effektiv zur Problembewältigung einsetzen können, so dass kein Aktionismus entsteht. Damit werden Stress und die ihn begleitenden Emotionen konstruktiv genutzt und bei Erfolg abgebaut (Bruch und Menges 2009, S. 72 ff.).

Elemente des problemfokussierten Copings

- Der Bewältigungsstrategie des Unternehmens folgend, werden Ziele und Aufgaben für Teams und die einzelnen Mitarbeiter zur Bewältigung der Probleme abgeleitet.
- Die Ziele und Aufgaben werden vermittelt, damit der Mitarbeiter weiß, was er genau beitragen soll und kann.
- Weitere Planung der Aufgaben mit den Mitarbeitern.
- Bestärkung des Mitarbeiters, dass er die Ziele und Aufgaben leisten kann.

- Wertschätzung seiner Kompetenzen, seiner Leistungskraft und seines Beitrags.
- Rückmeldung über erreichte Ziele und der damit verbundene Beitrag zur Abwendung der Bedrohung.
- Wiederholte Bestärkung und Wertschätzung der Leistungen, Kompetenzen und Beiträge des Mitarbeiters zur Krisenbewältigung.

▶ **Merke** Die Beteiligung der Mitarbeiter hat mehrere Vorteile:

- Partizipation erhöht die Legitimation und Akzeptanz von Veränderungsprozessen.
- Durch die Akzeptanz bei den Mitarbeitern erhöht sich insgesamt die Möglichkeit auf nachhaltigen Erfolg der Maßnahmen und der Prozesse.
- Der zielgerichtete und gut gesteuerte Einsatz vieler Ressourcen im Unternehmen beschleunigt den Transformationsprozess und die Umsetzung auch auf Arbeitsebene und in den operativen Prozessen.
- Die Mitarbeiter fühlen sich durch die Involvierung weniger hilflos.
- Je mehr die Mitarbeiter sehen, dass sie etwas beitragen können und ein Gefühl der Kontrolle und Beeinflussung zurück erlangen, desto mehr lassen die negativen Emotionen nach. Erschüttertes Selbstwertgefühl wird wieder aufgebaut. Das Kompetenzempfinden kehrt zurück.
- Wertschätzung durch Beteiligung und das Gefühl, etwas tun zu können, führt zu positiven Leistungseffekten und teilweise zu außerordentlichen Leistungen.
- Die Möglichkeit zur Abwendung einer Insolvenz und eines Arbeitsplatzverlustes kann erhebliche Energien freisetzen.

Gelingt es der Führung nicht, die Mitarbeiter entsprechend auszurichten, einzubinden und zu führen, kann dies schwerwiegende negative Effekte haben:

- Durch die Tendenz, gegen die Bedrohung zu kämpfen, können nicht oder nicht gut gebündelte und geführte Aktivitäten zu unternehmensinternen Auseinandersetzungen und Konflikten führen.
- Die Tendenz zum Fliehen steigt. Die Mitarbeiter versuchen sich von der Stress auslösenden Situation zu trennen.

- Innerlich durch weniger Commitment und Engagement zum Arbeitgeber. Die Leistung geht deutlich zurück.
- Äußerlich durch Suche eines neuen Arbeitsplatzes bei einem anderen Arbeitgeber. Das Risiko von Kündigungen steigt weiter.

Sowohl bei den inneren Fluchttendenzen als auch bei den innerbetrieblichen Konflikten besteht weiterhin die Gefahr, dass zunehmend körperliche und psychische Krankheiten auftreten, da diese Form des Umgangs mit Stress weniger erfolgreich und konstruktiv ist und der Stress eigentlich weiter bestehen bleibt.

Gelingt es, die Mitarbeiter auf die Lösung des Problems auszurichten und sie einzubinden, ist ein wichtiger Schritt getan. Trotzdem wird es Bereiche geben, in denen die Mitarbeiter nichts tun können. Außerdem kann es trotz guter Einbindung immer wieder geschehen, dass bei Mitarbeitern Emotionen sich Bahn brechen (z. B. durch schlechte Nachrichten in der Presse). In beiden Fällen ist es dann notwendig, dass Führungskräfte im Rahmen des emotionsfokussierten Copings die Mitarbeiter im Umgang mit Ihren Emotionen unterstützen und führen sollten.

9.2 Emotionsfokussiertes Coping

Beim emotionsfokussierten Führen geht es darum, Einfluss auf die Emotionen der Mitarbeiter zu nehmen und die Mitarbeiter zu unterstützen, konstruktiv mit den eigenen Emotionen umzugehen. Gelingt dies nicht, verbreiten sich die Emotionen in den Teams, Projekten, Arbeitsgruppen und dem Unternehmen unkontrolliert und wirken sich nachteilig auf die Leistung der Organisation aus (Bruch und Menges 2009, S. 10 ff.).

Damit ein positiver Umgang mit den Emotionen geschehen kann, müssen die Mitarbeiter sich zu ihren Emotionen äußern und ihr emotionales Befinden angstfrei mitteilen können. Dies ist ein großer Schritt durch die Führung, da dies für Führungskräfte häufig selbst eine große Herausforderung darstellt.

Die Gründe dafür sind:

- Trotz der negativen Effekte werden Emotionen in Krisen und Veränderungsprozessen in Unternehmen ausgeblendet, tabuisiert oder als irrational abgetan. Es darf also im Sinne eines ausgesprochenen oder unausgesprochenen „Gesetzes" nicht darüber geredet werden.
- Die einzelne Führungskraft hält sich an diese Prinzipien, da sie Nachteile im Unternehmen fürchtet (Karrierenachteile, Reputationsverlust, Schwierigkeiten mit der eigenen Führungskraft etc.)

- Die Führungskraft hat Angst vor den Emotionen der Mitarbeiter und befürchtet, der Situation und den Emotionen der Mitarbeiter nicht gewachsen zu sein und die Situation nicht mehr in den Griff zu bekommen.
- Die Führungskraft weiß nicht, wie emotionale Prozesse verlaufen und hat nicht genügend Kenntnis bzw. fühlt sich nicht genügend qualifiziert, um mit den Emotionen der Mitarbeiter gut umzugehen.

Ziel des emotionsfokussierten Copings ist die Modifikation von Emotionen, da dies positive Effekte für die Mitarbeiter und das Unternehmen hat, während die Unterdrückung von Emotionen als zweite Möglichkeit viele negative Effekte zeigt: Physische und psychische Krankheiten als Folge der Unterdrückung, negative kognitive Auswirkungen (z. B. geringere Konzentrationsfähigkeit), negative soziale Konsequenzen sowie generelle Einschränkungen im Wohlbefinden.

Zentral für ein erfolgreiches emotionsfokussiertes Coping ist die Haltung und das Verhalten der Führungskraft selbst. Das gilt auch, wenn nicht alle Interventionen eines emotionsfokussierten Copings durch die Führungskraft selbst durchgeführt werden müssen, sondern z. B. von Dritten professionell unterstützt werden können (z. B. durch Coaches, Teamentwickler, Berater, Psychologen).

▶ **Hilfreiche Haltung für ein emotionsfokussiertes Coping durch die Führungskraft**

- Zuwendung zu den Mitarbeitern
- Den Mitarbeitern den „Rücken" stärken und sie unterstützen
- Zeitliche, räumliche und geistige Verfügbarkeit und Präsenz
- Zuhören und versuchen, sich in die Mitarbeiter hinein zu versetzen
- Soweit wie möglich Sicherheit geben und aufzeigen, dass die Führungskraft alles tut, was in ihrer Kraft steht, um die Krise zu bewältigen
- Aber auch: nicht in ein „Helfersyndrom" verfallen und sich genügend abgrenzen, eigene Bedürfnisse und Gefühle beachten und eigenen Grund und Bodenkontakt halten
- Auch in angemessener und produktiver Weise über die eigene Befindlichkeit und Situation sprechen
- Permanente Aufmerksamkeit auf mögliche Emotionen auslösende Events und sofortiges Aufgreifen der Situation und deren Besprechung

- Schnelles und konstruktives Aufgreifen und Lösen von Konflikten im Team
- Zur Verfügung stellen von Raum, Zeit und Ressourcen, um sich über die belastende Situation auszutauschen und nach einem besseren Umgang damit zu suchen
- Keine Einmalaktionen! Permanente Aufmerksamkeit auf die Situation der Mitarbeiter und regelmäßige Nachfrage/Ansprache sind wichtig für die Nachhaltigkeit und Glaubwürdigkeit.

Durch diese Art von Haltung und Verhalten verbessert sich in der Regel die Beziehung zwischen Führungskraft und Mitarbeiter sowie die zwischenmenschliche Beziehung im Team/in der Abteilung. Dies hat dann wiederum positive Effekte sowohl in Bezug auf die emotionale Situation der Mitarbeiter als auch auf deren Leistungs- und Belastungsfähigkeit.

Regelmäßiges Reappraisal/Monitoring Da Krisen einen sehr dynamischen Verlauf nehmen können, ist es von großer Wichtigkeit, regelmäßig die Wirkung der erzielten Ergebnisse genau zu analysieren, die Situation zu beobachten und eine Neueinschätzung der Lage vorzunehmen.

▶ **Vorteile eines regelmäßigen Monitorings**

- Transparenz bei allen Beteiligten über die Situation,
- Erfolgsgefühl, wenn Anstrengungen positive Wirkung zeigen,
- Möglichkeit, rechtzeitig gegen- bzw. umzusteuern, falls notwendig,
- (Wieder-) Aufbau von Vertrauen durch offene Kommunikation und Dialog,
- Weitere Involvierung der Mitarbeiter reduziert das Gefühl des Kontrollverlusts bei den Mitarbeitern auch bei Andauern der Gefahr und möglichen Rückschlägen.
- Die Mitarbeiter spüren, dass es vorwärts geht und dass alles Notwendige getan wird.

Insgesamt werden durch das emotionsfokussierte Coping die negativen Emotionen der Mitarbeiter nach und nach schwächer, es baut sich Zuversicht und (Selbst-) Vertrauen auf. Die Energie wird aufrechterhalten und die hohen Belastungen werden durch das Gemeinschaftsgefühl und die Erfolge kompensiert, so dass die Leistungskraft erhalten bleibt oder sogar steigt.

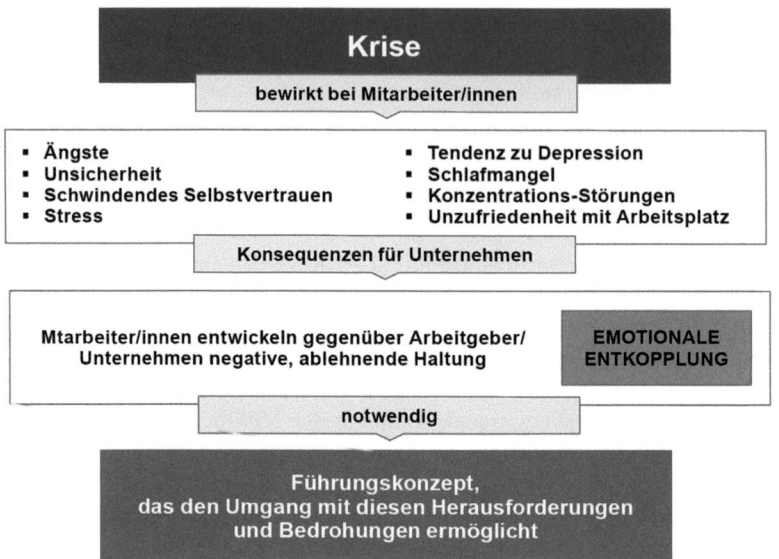

Abb. 9.4 Führen in der Krise

Das Konzept des problemorientierten Führens ergänzt sehr gut die bereits im vorhergehenden Abschnitt dargestellten Führungsanforderungen in komplexen Situationen und Krisen, in dem es insbesondere den Fokus auf die Herstellung und Aufrechterhaltung von Motivation, Energie und Handlungsfähigkeit von Führung und Mitarbeitern legt und damit Führungsansätze bietet, wie mit Emotionen und eingeschränktem Selbstwertgefühl und Kompetenzempfinden in Krisen umgegangen werden kann (Abb. 9.4).

Es ist als Führungskonzept insbesondere für die ersten Phasen der Krisenbewältigung jener Organisationen und Unternehmen hilfreich, in denen die Überwindung von Ertragskrisen oder Liquiditätskrisen im Fokus stehen und Insolvenzen vermieden werden sollen.

Gute Führung von Mitarbeitern beinhaltet

- positive Authentizität,
- im wahrsten Sinne des Wortes: Bodenkontakt und -haftung,
- Vermittlung emotionaler und sozialer Sicherheit,
- Orientierung,

- Transparenz,
- Entscheidungskraft,
- Reflexion,
- Zuhören und Dialog,
- Zeit und Raum für die Mitarbeiter.

9.3 Toolbox Führung von Mitarbeitern – problemfokussiertes Coping

Für jede Form von Krisenmanagement und Veränderung ist ein konsequenter Führungs- und Kommunikationsprozess ein zentraler Erfolgsfaktor. Die Nichtbeachtung dieses Prinzips führt fast immer zu Problemen im Krisen- und Veränderungsmanagement. Führung und Kommunikation lassen sich genauso wie andere Aktivitäten planen. Und genauso wie bei allen Planungen, die Sie sonst durchführen, wird es Abweichungen in der Umsetzung geben, die Anpassungen verlangen.

Diese Toolbox bietet ein solides Vorgehen für den Führungs- und Kommunikationsprozess, das Orientierung in den Turbulenzen der Krise gibt (siehe Abb. 9.5). Dieser Vorgehensplan wird Sie daran erinnern, wann welche Aktivitäten im Führungs- und Kommunikationsprozess notwendig sind. Er wird Ihren Mitarbeitern als Leitplanke dienen und eine große Unterstützung in der Krise sein.

Ein gut gesteuerter Führungs- und Kommunikationsprozess ist ein wesentliches Werkzeug für problem- und emotionsfokussiertes Coping, da mit ihm regelmäßig über die Bedrohungslage informiert werden kann – oder, falls Sie einen höheren Grad der Partizipation ihrer Mitarbeiter wollen und ihnen dies zutrauen – eine gemeinsame Lageeinschätzung durchgeführt werden kann. Darüber hinaus können Sie mit der Mannschaft in einen Dialog kommen, an welchen Stellen angepackt werden kann, um die Bedrohung abzuwenden. Den Mitarbeitern wird so die Situation klarer und transparenter. Erst dadurch werden sie in die Lage versetzt, selber bei der Problemlösung mitzuarbeiten. Ein regelmäßiges gemeinsames Monitoring des Fortschritts wird ebenso möglich, wie eine Besprechung und Veränderung der Gefühlslage der Mitarbeiter.

Herausforderung/Problemstellung

- Die Mitarbeiter sind desorientiert und haben noch wenig Information.
- Die Bedrohungslage wird noch nicht richtig eingeschätzt.
- Es gibt noch kein gemeinsames Problem- und Dringlichkeitsbewusstsein.

Die Steuerung des Prozesses innerhalb der Krisenmanagements erfolgt mit
klar definierten Leitplanken. Das gesamte Programm wird in zyklischen Lern- und
Rückkopplungsschleifen organisiert, angepasst und verbessert.

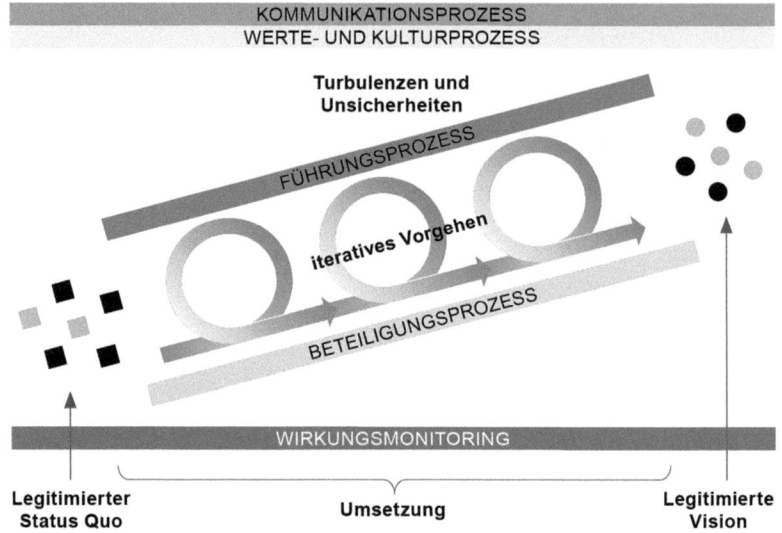

Abb. 9.5   Leitplanken für Krisenmanagement und Veränderungsprozess

- Es „brodelt die Gerüchteküche".
- Es scheint große Verunsicherung zu herrschen.
- Die Mitarbeiter scheinen nicht zu wissen, was zu tun ist.
- Die Handlungen der Mitarbeiter sind zu wenig koordiniert.
- Die Mitarbeiter zeigen starke negative Emotionen.
- Die Mitarbeiter sind weniger motiviert und/oder zeigen „Aktionismus".
- Die Konflikte nehmen zu.
- Die Stimmung ist schlecht.
- Es werden mehr und bessere Informationen gefordert.
- Die Mitarbeiter fühlen sich nicht gut geführt.

Falls Sie Führungskraft sind und auch andere Führungskräfte führen, sind folgende Herausforderungen Anlass für das Aufsetzen eines Führungs- und Kommunikationsprozesses:

- Es besteht noch keine Führungsallianz.
- Es besteht noch kein gemeinsames Problembewusstsein in der Führung.

- Ihre Führungsmannschaft ist noch nicht genügend auf die Herausforderungen ausgerichtet.
- Ihre Führungsmannschaft agiert zu wenig koordiniert.
- Es gibt noch kein gemeinsames Vorgehen und Handeln.
- Notwendige Informationen gelangen von Ihren Führungskräften nicht an die Mitarbeiter.
- Informationen werden von Ihren Führungskräften sowohl in Quantität als auch in Qualität zu unterschiedlich an die Mitarbeiter weitergegeben.
- Die Kommunikation ist unkoordiniert, so dass einige Mitarbeiter besser, andere schlechter informiert sind.
- Das notwendige Feedback der Mitarbeiter gelangt nicht zu Ihnen.
- Ihre Führungskräfte kümmern sich sowohl in sachlicher als auch emotionaler Hinsicht zu wenig und zu unterschiedlich um ihre Mitarbeiter.
- Die Führungsmannschaft agiert noch zu wenig fokussiert.
- Zentrale und wichtige Botschaften werden noch zu wenig einheitlich transportiert.

Ziele/Nutzen

- Erzeugung eines Gefühls der Dringlichkeit
- Aufbau/Stärkung der Führungskoalition, um die Krise zu meistern
- Ausrichtung der Mitarbeiter und der Führung auf die Problembewältigung
- Bedrohungslage und Ernst der Lage verdeutlichen: Erklärung der Entstehung der momentanen Situation, genaue Beschreibung der Gefahr,
- Orientierung geben, wie die Bedrohung abgewendet werden kann.
- Aufzeigen und bewerten von Handlungen zur Bewältigung der Situation
- Mobilisierung der Mitarbeiter zur Abwendung der Bedrohung
- Mitarbeitern mehr Sicherheit geben, durch Transparenz der Lage und laufende Informationen
- Koordinierung der Führung und der Mitarbeiter und Fokussierung auf die wichtigen und dringlichen Aufgaben
- Darstellen der (kurzfristigen) Ziele
- Erzeugen von Teamspirit und „gemeinsam an einem Strang ziehen"
- Konstruktiver Umgang mit Emotionen wie Angst, Wut, Trauer etc.

Zu späteren Zeitpunkten zusätzlich:

- Gemeinsames Monitoring des Fortschritts
- Erzeugen eines Fortschrittsgefühls
- Anerkennung von Leistungen, Erfolgen und Bemühungen

- Abweichungen und Probleme frühzeitig erkennen
- Refokussierung der Aufgaben und der Kooperation
- Gemeinsame Suche nach Lösungen bei Abweichungen, Hindernissen und neuen Bedrohungen
- Aufrechterhalten der Transparenz und der Kommunikation
- Aufdecken von hinderlichen Konflikten und gemeinsamer Suche nach Lösungen
- Aufrechterhalten der Motivation der Mitarbeiter und Eingehen auf und konstruktiver Umgang mit Rückschlägen

Vorgehen Das Auf- und Umsetzen des Führungs- und Kommunikationsprozesses ist neben den Projekten, die die betriebswirtschaftlichen und geschäftlichen Aspekte der Krisenbewältigung zum Gegenstand haben (z. B. Effizienzsteigerungsprogramme, Sicherung der Liquidität und Finanzierung, Überarbeitung des Geschäftsmodells und der Strategie etc.) der zentrale Bestandteil zur Krisenbewältigung. Führungs- und Kommunikationsprozess sind dabei nicht losgelöst von der „sachlichen" Projektarbeit zu sehen, sondern müssen sich aufeinander beziehen. Führungs- und Kommunikationsprozesse lassen sich dabei sowohl auf Unternehmensebene als auch auf Ebenen darunter etablieren (Bereich, Abteilung). Sie sind idealerweise aufeinander abzustimmen, so dass sie einander ergänzen, wobei die unteren Führungsebenen der jeweiligen oberen folgen sollten. Dies gilt natürlich nur, sofern auf den oberen Führungsebenen entsprechende Prozesse etabliert worden sind.

Unsere Erfahrung zeigt, dass Sie sich auf keinen Fall davon abhalten lassen sollten, in Ihrem Verantwortungsbereich einen entsprechenden Führungs- und Kommunikationsprozess aufzusetzen. Damit können Sie Ihre Mitarbeiter und Führungskräfte im „Loop" der Krisenbewältigung halten, sie daran beteiligen, soweit dies geht und/oder die emotionalen Auswirkungen der Krise bestmöglich bewältigen. Ihre Mitarbeiter werden es Ihnen in der Regel direkt und auch später danken. Die Produktivität und Mitarbeiterbindung wird unserer Erfahrung nach dadurch kurz-, mittel- und langfristig in und nach der Krise gesteigert. Die Chance, insbesondere Leistungsträger und Talente zu halten wird dadurch verbessert.

Da der Führungs- und Kommunikationsprozess ein komplexes und mächtiges Instrument sein kann (insbesondere im Sinne seiner Wirkung) und zeitlich über einen längeren Zeitraum angewendet werden sollte (dem gesamten Zeitraum der Krisenbewältigung), empfiehlt es sich, das Vorgehen in mehreren Schritten anzulegen, wobei sich einzelne Schritte wiederholen können (siehe auch Konzept des problemorientierten Führens (Re-appraisals)).

Das Aufstellen und Planen eines Führungs- und Kommunikationsprozesses ähnelt sehr den Methoden, die auch im Projektmanagement angewandt werden – es gibt eine gewisse Analogie. Das Besondere daran ist, dass Feedbackschleifen eine noch viel wichtigere Rolle bei der Steuerung haben, dass Abweichungen die Regel (und nicht die Ausnahme) sind und Störungen außerordentlich hilfreich sein können. Sie sind – noch mehr als bei technischen Projekten – eine Einladung, genauer hinzusehen, an welcher Stelle man sich in der Problembewältigung befindet, und immer ein willkommener Anlass, den Dialog voranzutreiben. Die Information, die hierdurch entsteht und/oder transportiert wird, kann wiederum zur Bearbeitung und Abwendung der Krise genutzt werden.

Entsprechend schlagen wir eine Unterteilung des Vorgehens in fünf Aufgaben/Arbeitspakete vor:

Aufgabe 1: Stakeholder analysieren
Aufgabe 2: Führungs- und Kommunikationsprozess planen
Aufgabe 3: Eine sinnhafte Geschichte und glaubhafte Botschaften entwickeln
Aufgabe 4: Führungs- und Kommunikationsprozess mit Aktionsplan abstimmen
Aufgabe 5: Einzelne Führungs- und Kommunikationsmaßnahmen planen

9.3.1 Kommunikationsplan Aufgabe 1: Stakeholder analysieren

9.3.1.1 Ziele und Vorgehen

Die Stakeholderanalyse soll Ihnen Klarheit darüber verschaffen, welche Personen und Personengruppen wichtig sind und welche Fragen bzw. Informationsbedarfe sie haben, wie Ihre Haltung, Einstellung, Erwartungshaltung und Positionierung ist. Darauf aufbauend lässt sich der Führungs- und Kommunikationsprozess zielgerichtet gestalten und umsetzen. Nur wenn Sie konkret wissen, was Ihre Kommunikationspartner bewegt, was an Information und An- bzw. Zusprache sie brauchen, können Sie entsprechend agieren. Zusätzlich ergibt sich für Sie in der Regel auch eine neue bzw. weitere Perspektive auf das Krisenmanagement für Sie als Führungskraft.

Darüber hinaus lässt sich auch die Wirkung der eingeleiteten Maßnahmen besser beurteilen und es kann entsprechend nachgesteuert werden.

Analysieren Sie konkret:

- Wie nehmen die einzelnen Mitarbeiter bzw. Mitarbeitergruppen die Krise konkret wahr?
- Wer gehört zu den Leistungsträgern?
- Wer hat eine besondere Rolle im Team/im Bereich? Welche Rolle ist das?
- Welchen Einfluss hat der/die Mitarbeiterin?

- Wer außerhalb meines Verantwortungsbereiches hat eine besondere Rolle und benötigt entsprechende Informationen bzw. hat Bedarf an einem Dialog (z. B. interne/externe Kunden, interne/externe Lieferanten, interne/externe Kooperationspartner, etc.)
- Wo besteht Folgebereitschaft, wo Irritation, wo Skepsis etc.?
- Wo bzw. zu wem besteht Nähe, wo Distanz?
- Wen sollte ich besonders einbeziehen?
- Welche Stimmungslage gibt es insgesamt, welche in bestimmten Bereichen, bei bestimmten Mitarbeitern?
- Welche Themen bewegen die Mitarbeiter?
- Welche Fragen, welchen Informationsbedarf und welche Erwartungen haben sie?

Halten Sie die Ergebnisse auf einem Flipchart oder auf einem Blatt Papier fest (Beispiel siehe Abb. 9.6). Versuchen Sie sich in die jeweilige Perspektive des Mitarbeiters/der Mitarbeitergruppe zu versetzen. Versuchen Sie die Ergebnisse in grafischer Form festzuhalten. Je präziser Sie die einzelnen Stakeholdergruppen identifizieren, desto eher haben Sie die Chance, die verschiedenen Perspektiven zu erkennen.

Rahmenbedingungen

- **Zeit:**
  ca. 0,5–1,5 Stunden
- **Teilnehmer (Optionen):**
  Allein
  Zu zweit
  Im (Führungs-)Team
- **Räumliche Erfordernisse:**
  Ruhiges Büro, Meeting oder Workshop Raum
- **Hilfsmittel:**
  Ausreichend Papier bzw. Pin-Boards oder Flipcharts und -papier, Moderationsmaterial (Stifte, Karten etc.)

9.3.1.2   Anmerkungen zur Wirkungsweise

Ein äußerst effektives Instrument, um sich einen Überblick über die wichtigsten Personen und Personengruppen im Unternehmen, Unternehmensumfeld bzw. in der Abteilung und dem Abteilungsumfeld zu schaffen. Dieser Überblick bildet die Grundlage für die Überlegungen für eine effektive Information und Kommunikation. Er macht es erst möglich, eine umfassende Kommunikation zu planen.

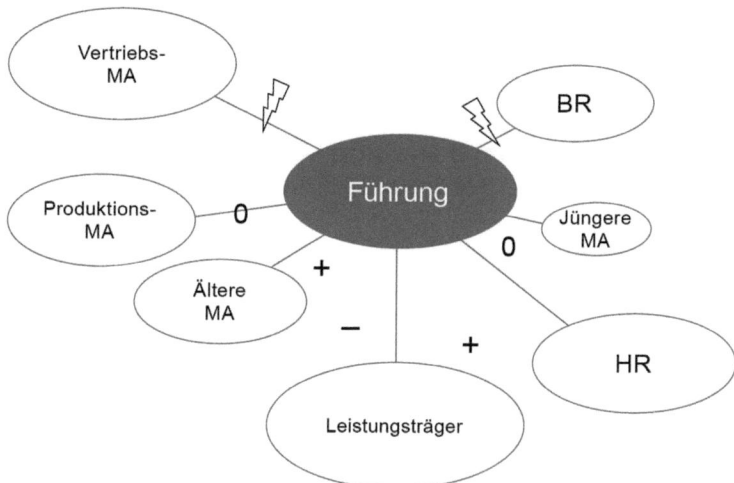

Visualisierung der Beziehungen und Einflüsse in meinem Umfeld:	Konsequenz – welche Handlungsmöglichkeiten gibt es?
▪ Wie nah stehen die Beteiligten zu mir? (Entfernung der Kreise) ▪ Wie wichtig sind die Beteiligten für mich? (Größe der Kreise) ▪ Welche Art von Beziehung besteht? (positiv, neutral, negativ, kritisch)	▪ Welche Informationen braucht es? ▪ Welche Botschaft braucht es? ▪ Wie verhalte ich mich zu meinen Mitarbeitern? ▪ Was mache ich im Team-Management? ▪ Wie gehe ich mit dem Betriebsrat um? ▪ Wie aktiviere und beteilige ich die Mitarbeiter?

Abb. 9.6   Stakeholderanalyse – Wie stehen die Beteiligten zur Führung in der Krise? Welche Kommunikation braucht es, um die Mannschaft zur Krisenbekämpfung zu mobilisieren?

9.3.1.3   Wissenswertes

Die Stakeholderanalyse ist weit verbreitet im Projektmanagement, insbesondere bei komplexen Projekten bzw. Veränderungsprojekten. Sie hat sich dort sehr bewährt.

▸   **Tipp**   Sorgfältig Stakeholder und deren Interessen und Bedarfe erfassen. Mehrere Male überprüfen ggf. mit vertrauten Dritten besprechen. Immer wieder im Verlauf des Führungs- und Kommunikationsprozesses überprüfen, da sich das Beziehungsgeflecht und die Interessenlage permanent und dynamisch verändert und entsprechend auch Anpassungen in der Kommunikation notwendig sind. Die Stakeholderanalyse sicher verwahren. Zuweilen reagieren Dritte, die Teil der Analyse sind, empfindlich auf Ihre Einschätzungen!

9.3.2 Kommunikationsplan Aufgabe 2: Führungs- und Kommunikationsprozess planen

9.3.2.1 Vorgehen

Basierend auf der Lageeinschätzung und der Stakeholderanalyse können Sie jetzt Ihren Kommunikationsplan aufstellen. Leiten Sie Ihre kommunikativen Maßnahmen direkt aus diesen Ergebnissen ab. Insbesondere die Stakeholderanalyse gibt Ihnen hierfür wichtige Inputs, da Sie Ihnen ermöglicht, die Zielgruppe/Adressaten der Maßnahmen zu identifizieren und Ihnen wichtige Hinweise gibt, welche Ziele/Wirkung mit den Führungs- und Kommunikationsmaßnahmen erreicht werden sollen und welche Formate passend sind oder sein könnten.

Stellen sie sich dabei folgende Fragen:

- Welche Ziele wollen Sie mit der jeweiligen Maßnahme erreichen? Welche Wirkung soll dies bei Ihren Kommunikationspartnern auslösen?
- Welche Botschaften wollen Sie senden?
- Welche Erwartungen haben Ihre Kommunikationspartner?
- Welche Herausforderungen wollen Sie adressieren?
- Welche Emotionen wollen Sie ansprechen?
- Welche Reaktionen und Emotionen erwarten Sie und wie wollen Sie diesen begegnen?

Die folgende Struktur hilft Ihnen bei der Bearbeitung und Planung:

Zielgruppe	Ziel/Wirkung	Inhalt	Format	Zeit und Frequenz

Mit dieser Matrix ist es Ihnen möglich, den gesamten Führungs- und Kommunikationsprozess zu planen. Dies kann im ersten Schritt ein grober Maßnahmenplan sein – Welche Zielgruppen, Ziele, Wirkung, Inhalt, Formate und grober Zeitplanung?

	JAN	FEB	MÄR	APR	MAI	JUN
Monatsbriefing Vorstand/GF	15.01.	12.02.	16.3.	14.04.	15.05.	12.06.
MA-Zeitung		Info-Spezial		Info-Spezial		Info-Spezial
Intranet		permanent ab Mitte Februar				
Newsletter-Einlage MA-Zeitung	X		X	X		X
Aushänge	fortlaufend	▌▌▌	▌▌▌	▌▌▌	▌▌▌	▌▌▌
Begleitende Massnahmen	Team Briefing	MA Forum	MA Fest	MA Forum		MA Forum
Projekt-kommunikation	Team Briefing	Team Briefing	Info	wöchentliche Aushänge bis Ende August		

Abb. 9.7 Führungs- und Kommunikationsplan

Darauf basierend können Sie dann eine immer konkretere Planung entwickeln, jede einzelne Maßnahme beschreiben und zeitlich planen. Die Matrix können Sie als Ihren Masterplan nutzen (Beispiel siehe Abb. 9.7).

Zielgruppe Die Zielgruppen ergeben sich in der Regel aus der Stakeholderanalyse. Dies können z. B. alle Ihre Mitarbeiter sein oder auch innerhalb Ihrer Mitarbeiter wieder Untergruppen, z. B. alle jüngeren Mitarbeiter Ihrer Abteilung. Entscheidend dabei ist, was die Gruppe jeweils verbindet (z. B. Status, Arbeitsfunktion, Arbeitsvertrag, Rolle im Team, Erwartungshaltung etc.), oder ob die Ziele der Kommunikation für diese Gruppe identisch sind. Wollen Sie z. B. jüngere Mitarbeiter dazu bewegen, weiterhin engagiert mitzuarbeiten und in der Firma zu bleiben, brauchen Sie natürlich neben dem entsprechenden Instrumentarium (hier: möglichst keine betriebsbedingten Kündigungen) auch eine getrennte und zielgerechte Ansprache.

Hier gilt es, genau zu arbeiten und die Zielgruppen genau zu erfassen.

Ziele/Wirkung Dies ist bei der Planung ein ebenso wichtiger Punkt wie die genaue Zielgruppendefinition. Insbesondere die beabsichtigte Wirkung der Kommunikationsmaßnahme ist dabei zentral. Wichtige Fragen zur Klärung der Ziele können sein:

- Wenn die Kommunikation erfolgreich war, was wird dann anders sein?
- Was soll die Zielgruppe nach Ihrer Kommunikationsmaßnahme anders machen?
- Was wollen Sie konkret mit der Maßnahme erreichen?
- Welchen Unterschied würden Sie zur heutigen Situation feststellen, wenn die Maßnahme erfolgreich war?

Hier zeigt sich häufig, dass Ziele zu oberflächlich gefasst werden und/oder mit einer Aktivität verwechselt werden, wie z. B. „die Mitarbeiter informieren". Je präziser das Ziel bzw. die Wirkung die erreicht werden soll, formuliert ist, desto genauer lassen sich dann auch der Inhalt und vor allem die Formate wählen. Soll zum Beispiel das Ziel sein: „die Mitarbeiter schauen zuversichtlich in die Zukunft und packen die Probleme konkret an" wird deutlich, dass in der Maßnahme mehr passieren muss, als nur Informationen in Form von Unternehmens- oder Abteilungskennzahlen mitzuteilen. Ein intensiverer Dialog wird notwendig sein, um die Emotionen und die Interessen der Mitarbeiter zu verstehen und darauf einwirken zu können und eine möglichst konkrete Verständigung mit den Mitarbeitern herzustellen, wo und wie sie bei der Krisenbewältigung anpacken können.

Würde das Ziel dagegen lauten: „Die Mitarbeiter sind über die Kennzahlen informiert" würde eine Informationsveranstaltung natürlich reichen. Die Frage wäre dann aber, was man mit der Kommunikation überhaupt erreichen will. Ist dies die Wirkung, die ich wirklich erzielen will?

Inhalt Der Inhalt der jeweiligen Kommunikationsmaßnahme ergibt sich aus der Zielgruppe, den Zielen, die Sie erreichen wollen, den aktuellen Themen, die für Sie und die Zielgruppen relevant sind, den Informationen und Botschaften, die sie vermitteln wollen und den Erwartungshaltungen, die Ihre Kommunikationspartner haben. Die Inhalte verändern sich im Krisenverlauf. Manchmal wiederholen sie sich aber auch oder es ist notwendig, Dinge zu wiederholen – entweder, weil der Sachverhalt immer noch derselbe ist oder die Kommunikationspartner meinen, dass sich die Dinge erledigt haben, weil sie nichts mehr gehört haben (z. B. wenn die Bedrohung nach wie vor hoch ist, die Mitarbeiter dies aber gar nicht mehr entsprechend wahrnehmen). Der richtige Inhalt ist also sehr wichtig für die jeweilige Kommunikationsmaßnahme ebenso wie der Spannungsbogen der Kommunikation. Wichtig ist, dass die Kommunikationspartner nachvollziehen können, was sich verändert (oder gleich bleibt) und warum. Es braucht Konsistenz im Inhalt. Wenn Brüche im

Inhalt entstehen, sind diese so zu vermitteln, dass insgesamt für die Kommunikationspartner nachvollziehbar bleibt, warum dies so ist (z. B. eine radikale Kehrtwende in der Richtung der Krisenbekämpfung, die ja durchaus Ihre Berechtigung haben kann und in solchen Krisensituationen nicht unüblich sind).

Format Mittlerweile gibt es eine Vielzahl von Formaten, um Kommunikationsmaßnahmen und -prozesse zu gestalten. Diese reichen von Informationsevents, Großgruppenveranstaltungen, vielen Arten von Workshops, Teamevents, unterschiedlichsten Formen von Meetings und Einzelgesprächen, Telefon- und Videokonferenzen bis zu den Web 2.0 Formaten (Twitter, Chat etc.), um nur einige zu nennen. Das Ganze gibt es entweder im Standard oder maßgeschneidert, emotionalisierend oder eher rational, spielerisch oder ernst, etc. In der Praxis zeigt sich leider, dass sich häufig auf (die immer selben) drei bis vier Arten beschränkt wird. Meistens sind dies einfache Informationsveranstaltungen mit ein wenig Fragen und Antworten, Mailverkehr, Einzelgespräche und die üblichen Arbeitsmeetings. Dies bringt in der Regel nicht mehr an Kontakt und Kommunikation, selten kommen die in der Krise wirklich wichtigen Dinge auf den Tisch und meistens erzielen sie nicht die Wirkung, die Sie sich für die Mobilisierung der Mitarbeiter gewünscht haben.

Dies liegt daran, dass durch die Einschränkung in den Formaten auch die vielfältigen Möglichkeiten des Dialogs und des Austauschs eingeschränkt worden sind und zu wenig auf den wirklichen Bedarf an Kontakt und dialogorientierter Kommunikation eingegangen wird. Deshalb sollte das Format immer in Abhängigkeit der vorher genannten Punkte Zielgruppe, Ziele/Wirkung und Inhalt gewählt werden. Das volle Spektrum der Möglichkeiten, die es heute gibt, sollte in Betracht gezogen werden. Etwas Mut und Kreativität gehören natürlich dazu. Das Ergebnis ist in der Regel, dass dann auch die Wirkung erreicht wird, die für die Krisenbewältigung notwendig ist. Sollten Sie noch nicht über entsprechende Erfahrung bzgl. verschiedenster Kommunikationstools verfügen, gibt es entsprechende Literatur, die weiterhilft. In der Regel helfen auch Profis in den Kommunikationsabteilungen und in HR. Falls Sie dort nicht fündig werden – die Leistungen sind marktgängig und bei entsprechenden Beratern zu kaufen.

Zeit und Frequenz Mit „Zeit und Frequenz" ist die zeitliche Planung und Taktung der Maßnahmen gemeint, wie in jedem guten Projektplan. Frequenz meint die Abstände der jeweiligen Maßnahmen genauso wie die jeweilige Wiederholung von bestimmten Formaten, um den Kommunikationsfluss, den Dialog und den Spannungsbogen aufrecht zu erhalten.

Rahmenbedingungen

- **Zeit:**
  Für einen ersten Entwurf, je nach Umfang und Detailtiefe, eine halbe bis 2 Stunden. Danach ist es davon abhängig, wie tief und genau Sie planen wollen und wie Sie Ihren Plan aktualisieren, anpassen und erweitern. Wir empfehlen, sich während der akuten Krise mindestens einmal wöchentlich damit richtig zu beschäftigen und ein Minimum von 0,5 bis 2 Stunden für die Evaluation und weitere Planung zu verwenden.

- **Teilnehmer (Optionen):**
  Allein
  Zu zweit
  Im (Führungs-)Team

- **Räumliche Erfordernisse:**
  Ruhiges Büro, Meeting oder Workshop Raum

- **Hilfsmittel:**
  Ausreichend Pin-Bords oder Flipcharts und -papier, Moderationsmaterial (Stifte, Karten etc.)

9.3.2.2   Anmerkungen zur Wirkungsweise

Eine Krise ist gekennzeichnet durch Intransparenz und hohe Dynamik. Da gerade auf der inhaltlichen Ebene viel Intransparenz und Unsicherheit herrschen, ist die Etablierung und Aufrechterhaltung eines konsequenten Führungs- und Kommunikationsprozesses für die Führung und Steuerung in der Krise enorm wichtig. Inhaltliche Führung wird durch prozessorientierte Führung ersetzt. Feste Kommunikationsanlässe ermöglichen problemorientierte und/oder emotionsorientierte Führung. Hierbei dreht es sich nicht nur darum, neue Informationen mitzuteilen, sondern auch, zu sehen, wo die Organisation und die Mitarbeiter stehen, wie insgesamt die Situation ist und die unterschiedlichen Perspektiven sichtbar und besprechbar zu machen. Dies gibt mehr Sicherheit und der Organisation mehr Stabilität.

9.3.2.3   Wissenswertes

Soweit uns bekannt ist, ist noch keine Unternehmung durch zu viel Kommunikation gescheitert. Organisationssoziologen und -forscher gehen davon aus, dass Kommunikation in gewissem Sinne die DNA von Organisationen ist. Nutzen Sie Kommunikation für Ihr Krisenmanagement als zentralen Baustein.

> **Expertentipp** Planen Sie alle wesentlichen Kommunikationsanlässe für ein halbes Jahr. Machen Sie hierfür zunächst nur Grobplanungen im Sinne einer Prozessplanung und einer groben Kommunikationsarchitektur.

Schreiben Sie diese Planung jeden Monat um einen weiteren Monat fort (solange, bis die Krise überwunden ist). Die Detailplanungen nehmen Sie relativ kurzfristig vor – aufgrund der sich permanent verändernden Entwicklungen. Variieren Sie Formate und Interventionen, um die Aufmerksamkeit ihrer Zielgruppen zu erhalten.

9.3.3   Kommunikationsplan Aufgabe 3: Eine sinnhafte Geschichte und glaubhafte Botschaften entwickeln

9.3.3.1   Vorgehen

Menschen brauchen grundsätzlich Orientierung, um handlungsfähig zu sein. Für Mitarbeiter in Organisationen stellt diese Orientierung in der Regel das Geschäftsmodell, die Strategie des Unternehmens, die Budgets, die Jahresziele und im Besonderen die Team- und Individualziele dar. Krisen haben die Eigenschaften, dies heftig zu erschüttern. Meistens scheint dann nichts mehr stimmig zu sein. Das Geschäftsmodell steht in Frage, die strategischen Ziele sind nicht mehr zu erreichen, ebenso wenig wie die individuellen. Und zunächst scheint auch nicht immer klar zu sein, wie dies alles geschehen konnte.

Insofern braucht es neue Orientierung und neue Botschaften, um Handlungsorientierung in Ihrem Verantwortungsbereich und bei Ihren Mitarbeitern wieder zu erlangen. Aus diesem Grund ist es von zentraler Bedeutung, dass Sie eine sinnhafte Geschichte entwickeln und glaubhafte Botschaften erarbeiten, um den Mitarbeitern zu vermitteln, was passiert ist und wie möglicherweise der Weg aus der schwierigen Situation ist.

Das heißt zum einen, die Ergebnisse der Lageeinschätzung so zu nutzen und zu verarbeiten, dass eine Geschichte entsteht, wie die Organisation und Ihr Verantwortungsbereich dorthin kam, wo sie jetzt in der Krise ist, und diese so darzustellen, dass die Mitarbeiter aus ihrer Perspektive dies nachvollziehen können. Mitunter sind komplexe Sachverhalte so aufzubereiten, dass Ihre Mitarbeiter sie verstehen und akzeptieren können. Wenn Ihnen dies gelungen ist, ist der nächste Schritt, die zentralen Botschaften zu adressieren, die zum einen die notwendigen, emotionalen Reaktionen bei den Mitarbeitern auslösen, die Bedrohung zu sehen und die Krise bewältigen zu wollen und zu können. Der letzte Punkt braucht daher auch konkrete Beispiele, wo angepackt werden kann (problemorientiertes Coping) (Abb. 9.8).

Je nachdem, auf welcher Hierarchieebene Sie im Unternehmen als Führungskraft arbeiten, ist es wichtig, dass Sie sich an der übergeordneten Information und Kommunikation orientieren, auch wenn diese ggf. (noch) spärlich sind.

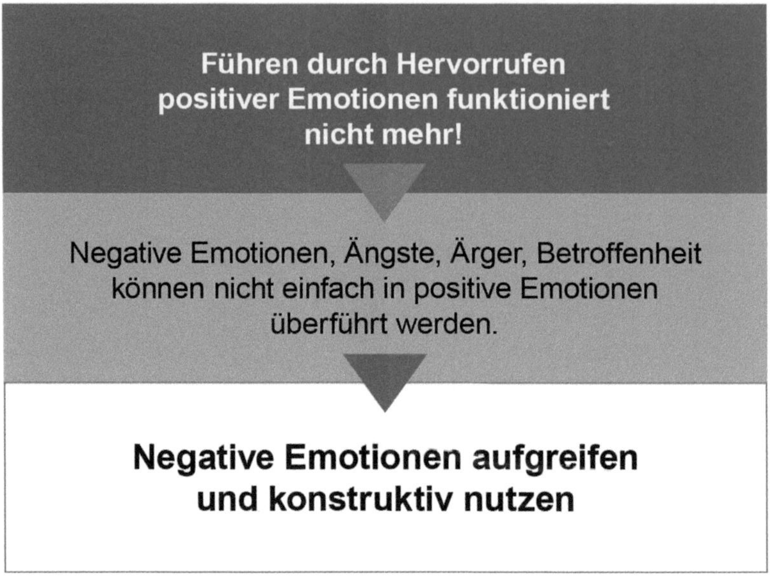

Abb. 9.8   Nutzung negativer Emotionen (in Anlehnung an Menges)

Rahmenbedingungen

- **Zeit:**
  ca. 1 Stunde
  je nach Komplexität der Lage durchaus auch mehr Zeit
- **Teilnehmer (Optionen):**
  Allein
  Zu zweit
  Im (Führungs-)Team
- **Räumliche Erfordernisse:**
  Ruhiges Büro oder Meeting Raum
- **Hilfsmittel:**
  Papier und Stifte

9.3.3.2   Anmerkungen zur Wirkungsweise

Eine gut aufgebaute Botschaft mit Realitätsgehalt, Glaubwürdigkeit und vor allem Sinnstiftung, die passend auf die Emotionen ausgerichtet ist, hat einen enormen Wert in der Orientierung, Führung und Motivation der Mitarbeiter.

▶ **Expertentipp** Eine Investition hier hinein, die regelmäßig wiederholt
wird, zahlt sich aus. Die vier wichtigsten Prinzipien sind:

- Seien Sie wirklich glaubwürdig,
- seien Sie authentisch,
- vermitteln Sie Sinn,
- versetzen Sie sich in die Lage der Mitarbeiter.

9.3.4 Kommunikationsplan Aufgabe 4: Führungs- und Kommunikationsprozess mit Aktionsplan abstimmen

9.3.4.1 Vorgehen

Wenn Sie nun einen mehr oder weniger kompletten Führungs- und Kommunikationsplan erarbeitet haben, ist dieser mit ihrem Aktions- und bzw. Projektplan auf der „Sachebene" – also dem Plan, der auf der geschäftlichen Ebene die Krise in den Griff bekommen will, abzustimmen. Idealerweise stimmen Sie diese Pläne immer wieder iterativ ab. Ein simultanes Vorgehen vermeidet doppelte Arbeiten und erzeugt Synergien. In der Regel konzentriert sich die Projektplanung meistens auf die Umsetzung des sogenannten „harten" Krisenmanagements, also Effizienzmaßnahmen wie z. B. Kostensenkungsmaßnahmen inkl. Personalabbau, Erhalt bzw. Wiederherstellung von Liquidität, organisatorische Modelle, Prozesse, Steuerungsinstrumentarien.

Eine Abstimmung zwischen „sachlichem" Projektmanagement und Führungs- und Kommunikationsplan ist aus zwei Gründen erforderlich. Erstens braucht die „sachliche Umsetzung" eine möglichst effektive und effiziente Kommunikationsplattform. Anders herum sind Führungs- und Kommunikationsprozess ohne die zentralen „sachlichen" Themen der Organisation eine inhaltslose Hülle. Die „sachlichen" Themen bestimmen, wann und wie Mitarbeiter problemfokussiert und/oder emotionsfokussiert angesprochen und geführt werden können. Nur wenn diese zwei „Planungs- und Steuerungsinstrumente" gut verzahnt sind, kann das Krisenmanagement die Leistung erbringen, die notwendig ist, um die Organisation aus der Krise zu bewegen.

Letztendlich sind hier verschiedene Prozesse zu synchronisieren oder zu integrieren (Beispiele siehe Abb. 9.9 und 9.10). Idealerweise ist „Führung und Kommunikation" in der Projektorganisation ein zentrales Arbeitspaket, das aktiv in das Projektteam eingebunden ist und gleichzeitig Zugang zu Projekt- und Unternehmensleitung hat. Weniger gut sind solche Projektorganisationsformen, in denen

Sanierungs-/ Projektmanagement ▪	▪ Sanierungs- und Projektplan gestalten ▪ Projekte konsequent umsetzen ▪ Prozesse kontinuierlich verbessern			
Führungsprozess ▪	▪ Führungskräfte übernehmen Verantwortung für Krisenmanagementprozess ▪ Führungskräfte erzeugen eine hohe Schlagkraft und Wirkung			
Beteiligungsprozess ▪	▪ Systematische Beteiligung der Zielgruppen für hohe Aufmerksamkeit ▪ Input für die erfolgreiche Implementierung ▪ Multiplikatoren mit ins Boot holen			
Kommunikationsprozess ▪	▪ Transparenz für die unternehmerische Relevanz schaffen ▪ Zuversicht schaffen, Unsicherheit abbauen ▪ Bedeutung und Fortschritte transportieren			
Monitoring-Prozess ▪	▪ Evaluation der Zielerreichung, externe und interne Perspektive ▪ Vernetzung mit Steuerungs-Instrumenten des Krisenmanagements			
Meilensteine	▲	▲	▲	
Projektphasen	PHASE 1	PHASE 2	PHASE 3	PHASE 4
Zeitschiene				

Abb. 9.9 Schlüsselprozesse im Krisenmanagement

Kommunikation als eine Art Stabstelle geführt wird, die mehr oder weniger mit sachlichen Informationen versorgt wird und dann dafür zuständig ist, diese zu verteilen. Führung und Kommunikation sind zentrale Bestandteile und Steuerungsgrößen für Komplexitäts- und Krisenmanagement. Sie sind in die Gesamtsteuerung bestmöglich zu integrieren. Sie sind „Chefsache".

Rahmenbedingungen

- **Zeit:**
  Erste Planung: ca. 2 Stunden bis ein halber Tag (je nach Umfang der Pläne)
  Monitoring und Anpassung der Pläne je nach Verlauf

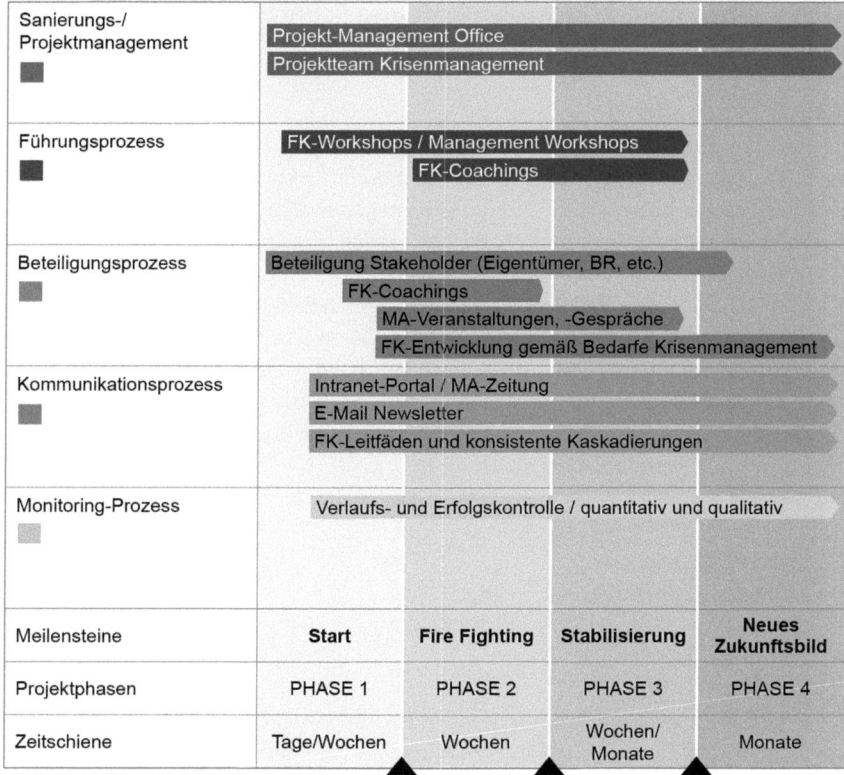

Abb. 9.10 Mögliche Einzelmaßnahmen im Führungs- und Kommunikationsprozess

- **Teilnehmer (Optionen):**
  Mit relevantem Partner aus dem „Projektteam"
  Innerhalb des Führungs- bzw. Projektteams
- **Räumliche Erfordernisse:**
  Ruhiges Büro oder Meeting Raum
- **Hilfsmittel:**
  Die jeweiligen Pläne, ausreichend Pin-Bords oder Flipcharts und -papier, Moderationsmaterial (Stifte, Karten etc.)

9.3.5 Kommunikationsplan Aufgabe 5: Einzelne Führungs- und Kommunikationsmaßnahmen planen

9.3.5.1 Vorgehen

Wenn Sie nun die grobe oder auch detaillierte Gesamtplanung des Führungs- und Kommunikationsprozesses erarbeitet haben, geht es an die Planung der jeweiligen Einzelmaßnahmen. Aufgrund des prozesshaften Charakters von Führung und Kommunikation, aber auch aufgrund der Unsicherheit, Dynamik und Turbulenzen, die mit Krise und Komplexität verbunden sind, empfiehlt sich (anders als bei der Gesamtarchitektur des Prozesses), die Maßnahmen nur Schritt für Schritt zu planen. Aus unserer Erfahrung ändert sich im Zeitverlauf so viel, gibt es so häufige Abweichungen, dass eine frühzeitige Planung von Einzelmaßnahmen oft dazu führt, dass die Konzepte wieder vollkommen neu gedacht werden müssen.

Für den aufzuwendenden Umfang und Zeit für die Planung der Einzelmaßnahmen sind u. a. folgende Kriterien relevant:

- Interventionstiefe,
- Interventionsform,
- Dauer der Maßnahme,
- Wichtigkeit und Bedeutung der Maßnahme,
- Anzahl der Teilnehmer.

Je mehr von den genannten Kriterien für die zu planende Maßnahme gelten, umso mehr Zeit und Sorgfalt sollten Sie auch für die Planung aufwenden – das entspricht auch den üblichen Planungsregeln, die im Projektmanagement Anwendung finden.

Mit folgendem Planungsmuster für Führungs- und Kommunikationsmaßnahmen haben wir gute Erfahrungen gemacht:

- Ausgangslage,
- Ziele,
- Kritische Erfolgsfaktoren,
- Vorgehen/Agenda,
- Logistik.

Ausgangslage Hier sollte möglichst konkret in einigen Stichpunkten beschrieben werden, wie sich die momentane Situation darstellt, was die Herausforderungen und die Problemstellungen sind, die dazu führen, dass die Maßnahme durchgeführt werden soll/muss. Dies kann sich auf den gesamten Spannungsbogen des Führungs-

und Kommunikationsprozesses beziehen, sollte aber immer auch darauf abstellen, wie die momentane Situation generell und im Prozess ist. Hilfreich ist auch, sich den Kontext, in dem die einzelne Maßnahme stattfindet, vor Augen zu führen. Was sind gegebene Bedingungen, die nicht geändert werden können, aber wichtig im Rahmen der Kommunikation sind? Welche Begrenzungen und Orientierungspunkte gibt es? Worauf muss man besonders achten? Welche Personen spielen eine besondere Rolle? Etc.

Ziele Auch für einzelne Führungs- und Kommunikationsmaßnahmen gilt es, sich so gut und genau wie möglich zu fragen: Was will ich konkret mit der Maßnahme erreichen? Was soll die Wirkung sein? Bei wem? Weshalb? Was macht den Unterschied? Woran kann ich erkennen, dass die jeweilige Führungs- und Kommunikationsmaßnahme erfolgreich war? Erst dann wird wirklich klar: Zu was brauche ich das und wie viel Aufwand muss ich betreiben?

Kritische Erfolgsfaktoren Welche Bedingungen braucht es, damit die Maßnahme erfolgreich sein kann?

Es kann sein, dass bestimmte Dinge, Faktoren (erst) vorhanden sein müssen, damit die Maßnahme ein Erfolg wird. Und/oder es braucht die Anwesenheit von bestimmten Personen in einer besonderen Rolle. Es ist von höchster Relevanz, gerade bei aufwendigeren Maßnahmen sich über die kritischen Erfolgsfaktoren Gedanken zu machen, da ein Übersehen eine noch so gut geplante und durchgeführte Maßnahme zum Scheitern bringen kann.

Vorgehen/Agenda Natürlich ist auch eine Durchführungsplanung und -beschreibung notwendig. Je nach Umfang, Interventionstiefe, Dauer und Wichtigkeit der Maßnahme ist hier die Beschreibung umfangreicher, z. B. mit einem genauen Regieplan mit Inhalt, Zeiten, Verantwortlichkeiten, Hilfsmitteln etc. zu planen. Bei einer Maßnahme von geringerer Wichtigkeit und/oder Dauer ist eine gröbere Planung ausreichend. Auch hier gilt: die Planung muss im Verhältnis zum Investment (Aufwand bzw. gewünschte Ziele/Wirkung/Outcome) stehen.

Logistik Örtlichkeit, Zeit, Format, Sprache, Teilnehmer, Hilfsmittel, Ressourcen sind zu beachten und einzubeziehen. So manche Führungs- und Kommunikationsmaßnahme ist schon gescheitert, weil der Raum in dem eine Veranstaltung stattfinden sollte, nicht adäquat war und/oder die Teilnehmer sich wegen der Sprache nicht verständigen konnten (besonders wichtig in internationalen Organisationen).

Rahmenbedingungen

- **Zeit:**

  Je nach Maßnahme ca. 0,5 Stunden bis mehrere Tage (die Planung eines Einzelgesprächs dauert vielleicht nur 10 Minuten, die Planung einer interaktiven Großgruppenveranstaltung kann bis zu 2–3 Tage dauern)

- **Teilnehmer (Optionen):**

  hängt von der Maßnahme ab

- **Räumliche Erfordernisse:**

  abhängig von der Maßnahme und dem Teilnehmerkreis

- **Hilfsmittel:**

  Abhängig von der zu planenden Maßnahme z. B. Papier, ggf. ausreichend Pin-Bords oder Flipcharts und -papier, Moderationsmaterial (Stifte, Karten etc), Notebook/PC, Drucker etc.

9.4 Toolbox Führen von Mitarbeitern – emotionsfokussiertes Coping

Eine der zentralen Aufgaben von Führungskräften in Krisen, die im Konzept der problemorientierten Führung gesehen wird, ist das emotionsfokussierte Coping. So sollen Führungskräfte unter anderem auch einen direkten Einfluss auf die Emotionen der Mitarbeiter nehmen, was wiederum verlangt, dass diese sich über ihr emotionales Befinden angstfrei äußern können. Neben organisierten und gelenkten Jammerstunden und Ad hoc-Informationen kommt in diesem Rahmen den Gesprächen mit den Mitarbeitern, die auch in Form eines Coachings geführt werden können, eine besondere Bedeutung zu. Das Eingehen auf und Berücksichtigen der meist als belastend erlebten Krisensituation stellt einen entscheidenden Faktor für die weitere Leistungsfähigkeit und -bereitschaft der Mitarbeiter dar. In der engen Anbindung an die Führungskraft können emotionale Belastungen aufgefangen und häufig in eine problemfokussierte Sicht gewendet werden.

9.4.1 Coachingmethode GROW

9.4.1.1 Herausforderung/Problemstellung

Gerade bei belasteten Mitarbeitern ist Coaching ein effektives Werkzeug, um ein emotions- in ein problemfokussiertes Coping zu überführen. In Coaching-Gesprächen lassen sich durch Zuwendung der Führungskraft, gekoppelt mit klaren

Ergebnissen und neu ausgehandelten Zielvorgaben Verstrickungen, Ängste und Unklarheiten lösen.

Beim Umstellen der Gesprächsführung auf Coaching tun sich allerdings Führungskräfte oft zunächst schwer: Sie brauchen mehr Zeit, die neuen Instrumente sind noch ungewohnt, die Mitarbeiterinnen und Mitarbeiter reagieren erstaunt auf die neuen Vorgehensweisen und spielen noch nicht mit wie erwartet. Der erhöhte Zeitaufwand ist vorübergehend. Nach einiger Übung und Einführung des „neuen Stils" ist der Zeitaufwand geringer als vor der Änderung.

Von entscheidender Bedeutung für die Beziehungsgestaltung und den Gesprächsverlauf – und somit für den Erfolg von Coaching-Session und weiterem Prozess – ist Ihre innere Haltung, die sich meistens direkt auf die Befindlichkeit des Mitarbeiters auswirkt.

Wesentlich ist ebenfalls ein klar strukturiertes Vorgehen, um Ausuferungen und Endlosschleifen zu vermeiden.

9.4.1.2   Ziele/Nutzen

Sie können sich mit Hilfe eines Reflexionsbogens zur Umsetzung des emotionsfokussierten Copings innerlich als Coach ausrichten und sich somit auf die veränderte Gesprächssituation mit den Mitarbeitenden vorbereiten. Gleichzeitig wird die Durchführung der Coaching-Sitzungen klar strukturiert und über einen Fragenkatalog so organisiert, dass alle wichtigen Aspekte berücksichtigt werden können.

9.4.1.3   Vorgehen

Im Folgenden finden Sie einige wichtige Punkte zur inneren Ausrichtung vor und während einer Coaching-Sitzung. Sie können diese Liste zur Vorbereitung Ihrer Coaching-Sitzungen sowie zur Einstimmung auf das Zusammentreffen mit den Mitarbeitern benutzen.

1. Im Gespräch versuche ich ausschließlich zu beschreiben statt zu beurteilen.
2. Ich achte darauf, die vom Mitarbeiter bereits gefundenen Lösungen anzuerkennen.
3. Ich spreche immer wieder Ermutigungen aus.
4. Ich spreche körperliche und gefühlsmäßige Reaktionen an.
5. Ich beziehe die Wertesysteme und inneren Ziele meines Mitarbeiters ein.
6. Was sind meine eigenen Vorstellungen und Ziele in Bezug auf das anstehende Problem? Was soll der Mitarbeiter aus meiner Sicht lernen bzw. entwickeln?
7. Ich strebe gemeinsam mit dem Mitarbeiter einen möglichst großen Erfolg in der gemeinsamen Arbeit an. Was wäre für mich in diesem Zusammenhang ein großer Erfolg?

8. Welche Faktoren und Hindernisse könnten einem Erfolg entgegenstehen? Was weiß ich bereits vorher über eventuelle Hindernisse?

9. Im Verlauf des Coaching-Prozesses erfrage ich immer wieder die Zufriedenheit des Mitarbeiters.

10. Ich werde falsche Hoffnungsinduktion im Sinne von „wird schon irgendwie werden" unterlassen und stattdessen regelmäßige Feedbackschleifen einführen.

11. Bei auftretenden Schwierigkeiten und Problemen werde ich die Ziele und Veränderungsbereitschaft beim Mitarbeiter und bei mir selbst überprüfen.

Durchführung von Coaching-Sitzungen – Das GROW-Prinzip Sie können das GROW-Prinzip (nach Whitmore 1994) als Gedächtnisstütze während Ihrer Coaching-Sitzungen benutzen. Es bietet Ihnen die Möglichkeit, ein klares Schema einzuhalten und dient in kritischen Situationen der Strukturierung des weiteren Gesprächsverlaufs. Das Prinzip (engl. „grow" = wachsen, entwickeln) erhielt seinen Namen durch die Anfangsbuchstaben der wichtigsten Themenbereiche.

Die 4 Etappen des Coaching-Weges nach Whitmore (2006) lauten:

GROW:	Goal	Ziel, mit Fern- und Zwischenzielen
	Reality	Realität, aktuelle Situation
	Options	Optionen, neue Möglichkeiten
	Will	Wille zur Umsetzung/zu festen Vereinbarungen

Falls Sie den Faden verlieren oder nicht weiter wissen, orientieren Sie sich an den folgenden Fragen!

Ziel

- Was ist das Ziel des Gesprächs?
- Was will der Mitarbeiter kurz oder langfristig erreichen?
- Handelt es sich um ein Fern- oder Zwischenziel?
- Wenn es ein Fernziel ist, welches Zwischenziel gehört dazu?
- Wann will der Mitarbeiter es erreicht haben?
- Ist es positiv, lockend, erreichbar, messbar?

Realität

- Wie ist es jetzt geregelt? (wer, was, wann, wo, wie viel, wie oft)
- Wen betrifft es?

- Was hat der Mitarbeiter bisher dafür getan?
- Was ist dabei herausgekommen?
- Was passiert intern wie extern?
- Was hindert den Mitarbeiter daran, vorwärts zu kommen?

Optionen

- Welche Optionen hat der Mitarbeiter?
- Was kann er sonst noch tun?
- Was wäre, wenn …?
- Wünscht der Mitarbeiter noch einen anderen Vorschlag?
- Was sind die Kosten und der Nutzen jeder Option?

Wille

- Was wird der Mitarbeiter tun?
- Wann wird er es tun?
- Wird er damit Ihr Ziel erreichen?
- Auf welche Hindernisse könnte er stoßen?
- Wie wird er sie überwinden?
- Wer muss davon Kenntnis haben?
- Welche Hilfen benötigt der Mitarbeiter?
- Wie wird er diese Hilfen bekommen?
- Lassen Sie den Mitarbeiter auf einer Skala von eins bis zehn bewerten, wie wahrscheinlich es ist, dass er diese Handlung auch ausführen wird.

Am Ende eines Coachings sollte es immer eine Vereinbarung zwischen der Führungskraft und dem Mitarbeiter geben. Dies sollte gerade in Krisenzeiten, wenn möglich, bereits einen ersten Schritt von der Emotionsfokussierung zur Problemfokussierung aufzeigen. Gleichzeitig dient die Vereinbarung dazu, im weiteren Verlauf Fort- und auch Rückschritte feststellen und bearbeiten zu können. Die Vereinbarung kann gleichzeitig als Reflexions- und Protokollierungsmöglichkeit genutzt werden. Die folgenden Fragen dienen dabei als Richtschnur.

- Was sind die Zielvereinbarungen?
- Welche Ressourcen sind bereits vorhanden und welche können ausgebaut werden?
- Welche Herausforderungen und Chancen haben sich im heutigen Gespräch ergeben?

- Welche Lösungen wurden entwickelt?
- Wie ist der Zeitplan für die Umsetzung? (Bis wann?)
- Wie und durch wen wird er/sie unterstützt? (Unterstützungsplan)
- Welche Messkriterien sind für den gemeinsamen Erfolg festgelegt worden?
- Welche Probleme und Turbulenzen müssen bis zur Erreichung des Ziels durchschritten werden?

Zur Förderung von Eigenverantwortung und Selbstorganisation hat es sich auch bewährt, dass der Mitarbeiter sich in den Intervallen zwischen den Coaching-Gesprächen selbst im Hinblick auf die geplanten und erzielten Veränderungen überprüft. Nebenher kann er sich mit den folgenden Fragen auch auf das nächste Coaching-Gespräch vorbereiten.

- Haben sich meine Haltung und mein Verhalten seit der Coaching-Sitzung verändert? Was mache ich anders als zuvor?
- Welche Ideen habe ich umgesetzt? Und mit welchem Erfolg?
- Welche Vorhaben habe ich modifiziert? Und wenn ja, wie?
- Welche Fähigkeiten konnte ich verbessern?
- Welche Erinnerungen/Flashbacks und Stimmungen hatte ich bzgl. der letzten Coaching-Sitzung?
- Wo habe ich Wiederholungs-/Vertiefungsbedarf (Konzepte, Instrumente, Übungen)?
- Aktuelle Fragen und Bedürfnisse für das nächste Coaching.

Rahmenbedingungen

- **Zeit:**
  20 Minuten bis max. 90 Minuten
- **Teilnehmer:**
  Führungskraft und ein Mitarbeiter oder eine Mitarbeitergruppe
- **Räumliche Erfordernisse:**
  Ruhiges Büro oder Meeting Raum
- **Hilfsmittel:**
  Flipchart

9.4.1.4   Wissenswertes

Führen in Krisen bedeutet, offen alle Probleme und Veränderungsimpulse zu kommunizieren. Das heißt, wir führen in zunehmend offenen Systemen. Herkömmliche Top-Down-Lösungen reichen nicht aus. Wir müssen Ideen und Befähigungen entdecken, Veränderungen gestalten, in der Krise für Werte einstehen und neue schaffen. Voraussetzung dafür ist ein hohes Maß an Anpassungsfähigkeit bei uns selbst und bei unseren Mitarbeitern. Wir brauchen Menschen, die nicht glauben, die Welt allein verändern zu können, sondern die mit anderen gemeinsam Ideen kreieren und Optionen als Lösungswege vorbereiten (Ellebracht et al. 2007, S. 143).

> ▶   **Expertentipp** Schaffen Sie möglichst viele Gelegenheiten für Begegnungen zu den anstehenden herausfordernden Themen, zu schwierigen Aufgaben und zur Zukunftsgestaltung. Gerade emotionsgetriebene Menschen besitzen die Fähigkeit, innovativ zu denken. Streichen Sie die minutiöse Agenda zugunsten von offenen Meetings. In anregender Umgebung und durch Überraschungen schaffen Sie ein Klima, das gedankliche Grenzen überwindet. So werden Sie manches finden, was Sie nicht gesucht haben, und so werden Sie viele praktische Lösungen mit großer Umsetzungsgeschwindigkeit erzielen.

9.4.2   Jammerstunde

Komplexe Situationen, insbesondere Krisen, lösen Stress aus, schwächen das eigene Kompetenzempfinden und Selbstwertgefühl, führen zu entsprechenden „negativen" Emotionen und Gefühlen. Häufig führt dies zu einem „Wehklagen" und „Jammern" über die Situation, insbesondere wenn die Belastung steigt und/oder neue schlechte Nachrichten aufkommen. In Teams/Gruppen kann sich dies schnell von einzelnen Personen auf mehrere Teammitglieder ausweiten bis zu einem Punkt, an dem unter Umständen das ganze Team betroffen ist. Dies lähmt und blockiert die notwendige Energie zur Krisenbekämpfung und/oder führt zu einer Erosion der Zuversicht, eine Lösung zu finden, und bedroht ggf. sogar den sogenannten „Betriebsfrieden".

Unsere Erfahrung ist, das gezieltes und gemeinsames „Jammern" hilft, die Situation und das Problem transparent für alle zu machen und wieder eine Änderung im Verhalten in Richtung Akzeptanz der Situation und konstruktivem Umgang mit der Lage zu finden (siehe Abb. 9.11). Häufig ist es allein schon befreiend, einmal offen und gegenüber allen und auch gegenüber der Führungskraft sagen zu können, was einen bedrückt und belastet. Wenn man erfährt, dass es allen oder vielen so geht, hilft dies emotional und schweißt zusammen. Meistens kommt in diesem Prozess dann auch die Erkenntnis, dass Jammern und Wehklagen zwar für eine bestimmte Zeit hilft, negative Emotionen durch offenes Aussprechen auch geringer werden

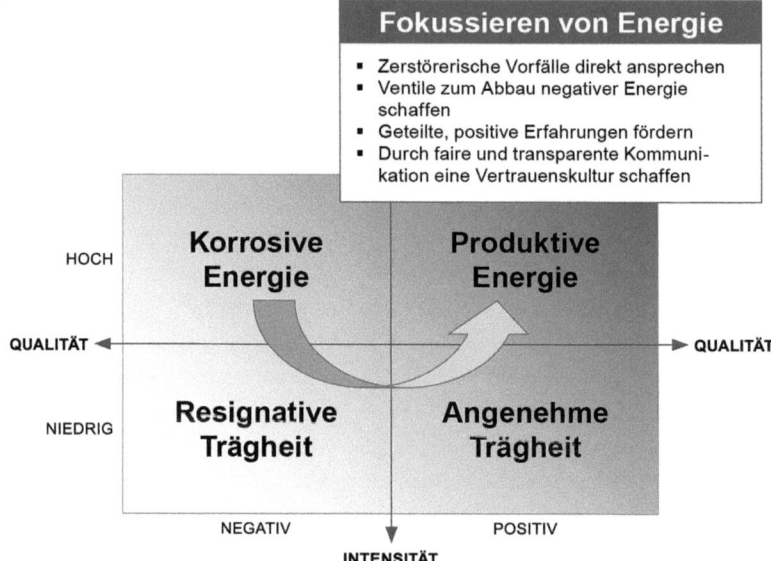

Abb. 9.11 Fokussieren von Energie (in Anlehnung an Bruch und Vogel 2009)

und verschwinden zu lassen, dass Jammern allein aber das Problem nicht löst, sondern auch wieder Energie auf die Lösung des Problems zu konzentrieren ist.

9.4.2.1 Herausforderung/Problemstellung

- In Ihrem Team ist schlechte Stimmung – offensichtlich oder subtil
- Teammitglieder „jammern" über die Situation bei vielen Anlässen
- Das Team ist nicht bei der Sache, sondern beschäftigt sich zu sehr mit der schlechten Lage.
- Sie haben den Eindruck oder beobachten, dass immer wieder auf den Gängen oder in Gesprächen zwischen Teammitgliedern gelästert und/oder sich beschwert wird.
- Die Energie im Team ist niedrig, die Stimmung gereizt.

9.4.2.2 Ziele/Nutzen

- Negative Stimmung kommt offen und zielgerichtet zur Aussprache.
- Mit Emotionen und Belastungen wird konstruktiv umgegangen.

- Befürchtungen und Belastungen werden ernst genommen und „besprechbar" gemacht.
- „Dampf" wird abgelassen, damit wieder positive Energie ins Team zurückkommt.
- Der Zusammenhalt wird positiv gestärkt, indem das Team erlebt, auch belastende Dinge aussprechen zu dürfen.
- Die Mitarbeiter haben erkannt, dass man als Führungskraft auch in schlechten Momenten bei ihnen ist und Ihnen Vertrauen und Selbstvertrauen zurückgibt.
- Auf negative Emotionen ist konstruktiv eingegangen worden.

9.4.2.3 Vorgehen

Wenn Sie erkennen, dass es dringend notwendig ist, über die Situation zu sprechen, laden Sie Ihre Mitarbeiter zu einem Meeting ein. Am effektivsten ist es, wenn offensichtlich ist, dass die Stimmung gerade wirklich schlecht ist und es einen konkreten Anlass gibt. Unterbrechen Sie das Tagesgeschäft und geben Sie dem Team und sich spontan Zeit, sich auszutauschen.

Erklären Sie, dass die Mitarbeiter jetzt über die Situation „jammern" und „wehklagen" sowie über Belastungen und Störungen offen sprechen dürfen und Sie das wirklich interessiert, wie es Ihnen geht. Machen Sie ein paar wenige Spielregeln klar: Es darf niemand (emotional) verletzt, angegriffen oder beleidigt werden. Nach Möglichkeit soll jeder über sich selber und seine Befindlichkeit sprechen. Es dreht sich nicht darum, Lösungen zu finden, sondern einfach zu sehen, wie es den Mitarbeitern und dem Team geht.

Animieren Sie ggf. Ihre Mitarbeiter durch Fragen, sich zu äußern. Lassen Sie den Mitarbeitern Zeit. Auch wenn es zu Beginn still ist und sich zunächst niemand äußern will. Nach einiger Zeit öffnen sich die Mitarbeiter, da Schweigen meist nicht lange ausgehalten wird.

Fragen:

- Wie geht es Ihnen momentan mit der Situation?
- Welche Stimmung haben Sie, wenn Sie hier sind bzw. morgens ins Unternehmen kommen?
- Worüber denken Sie nach?
- Was geht Ihnen durch den Kopf, welche Gefühle haben Sie, wenn Sie an unsere Situation denken?
- Was ist für Sie belastend?
- Was bereitet Ihnen Sorgen oder macht Ihnen vielleicht Angst?
- Was ärgert Sie? Worüber sind Sie wütend?
- Was stört Sie?

- Wie viel Energie haben Sie? Was raubt Ihnen Energie?
- Empfinden Sie Stress? Wo? Wie äußert er sich?
- Was hält Sie von der Arbeit ab?
- Etc.

Stellen Sie bewusst keine positiven Fragen, sondern stellen Sie darauf ab, dass alles „Negative" sich zunächst äußern kann. Machen Sie den Mitarbeitern klar, dass jetzt der Moment ist, alle belastenden Dinge mal auszudrücken und etwas Luft abzulassen.

Hilfreich ist auch, wenn Sie selber deutlich machen, wie ihnen es geht und was Sie belastet. Das öffnet häufig das Gespräch, da die Mitarbeiter dann erleben, wie es Ihrer Führungskraft geht und dass man auch darüber reden kann und darf.

Rahmenbedingungen

- **Zeit:**
  30–60 Minuten
- **Teilnehmer:**
  Ihr Team, Teile Ihres Teams oder auch einzelne Teammitglieder je nach Bedarf
- **Räumliche Erfordernisse:**
  Ruhiger Besprechungsraum oder Büro
- **Hilfsmittel:**
  Keine notwendig.

9.4.2.4 Anmerkungen zur Wirkungsweise

Führen Sie Ihre Mitarbeiter bewusst zu Ihren „negativen" Emotionen und Belastungen. Das, was bedrückt, soll raus und sich Luft und Raum verschaffen, so dass es sich dann auch verflüchtigen kann. Dabei kann es durchaus sein, dass Sie erst einmal in und durch das „Tal der Tränen" hindurch schreiten müssen. Wenn massiv „negative" Emotionen und belastende Situationen da sind, kann man sie nicht einfach ignorieren oder weg reden. Besser ist, sich diesen zu stellen und Sie auch mal auszudrücken. Häufig wendet sich dann nach einiger Zeit die Situation. Häufig geschieht dies aus dem Team selbst, indem Teammitglieder sagen: „Jetzt ist aber genug gejammert", „Das ändert auch nichts. Lasst uns schauen, was wir machen können". „Das Gejammere ist ja schrecklich! Kommt, lasst uns nach vorne schauen" etc.

Sollte das Team jedoch im „Jammern verharren" und nicht von selber nach dieser Intervention wieder mit mehr Zuversicht an die Arbeit gehen, ist es notwendig, dass Sie aktiv eingreifen und Wege aufzeigen, wo Lösungen möglich sind oder

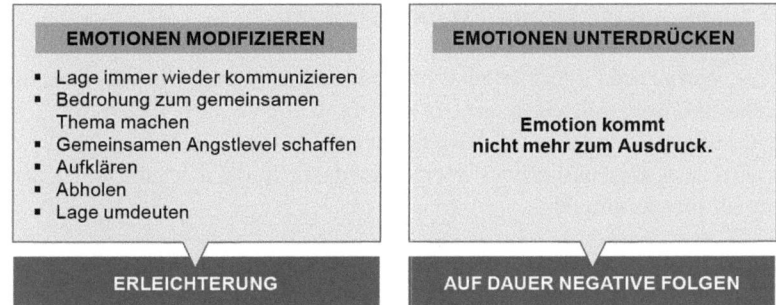

Abb. 9.12 Emotionsfokussiertes Coping (in Anlehnung an Bruch und Menges 2008)

wie mit Emotionen und belastenden Situationen umgegangen werden kann. Hier hilft es, wenn Sie zeigen, wie Sie selber Dinge lösen oder wenn Kollegen aus dem Unternehmen positiven/konstruktiven Umgang mit der Situation exemplarisch schildern.

9.4.3   Ad hoc Information

Dynamik und überraschende Situationen und damit einhergehende neue, überraschende, gravierende und manchmal auch schlechte oder schockierende Nachrichten treten in Krisen und komplexen Situationen häufig auf. Diese können durch Pressemeldungen ausgelöst werden genauso wie durch überraschend auftretende interne Informationen.

Wichtig ist in diesen Fällen, nicht einfach „Business as usual" zu betreiben, insbesondere wenn sich abzeichnet, dass die Information die Mitarbeiter in größerem Ausmaß beschäftigen und/oder verunsichern wird. Erstens sorgen unverarbeitete, wichtige Informationen für Ablenkung von der Arbeit und damit für fehlende produktive Energie für die Bewältigung der Situation. Zweitens können Gerüchte, insbesondere negative, auch entsprechend „negative" Emotionen auslösen, sich schnell verbreiten und damit auch negativ auf die grundsätzliche Stimmung und Arbeitsenergie wirken und diese sogar noch kumulativ verstärken (Abb. 9.12).

Insofern ist es wichtig, dass die Führung Information und Kommunikation sofort kanalisiert, möglichst konstruktiv verarbeitet und beeinflusst, bevor Sie sich ohne Richtung Ihren Weg suchen.

9.4.3.1 Herausforderung/Problemstellung

- Neue, gravierende Informationen für Unternehmen, Bereich oder Team durch Presse und/oder offizielle interne Information
- Schlechte oder schockierende Nachrichten
- Inoffizielle Informationen und/oder Gerüchteküche, die sich aufgrund neuer Informationen ausbreiten

9.4.3.2 Ziele/Nutzen

- Sicherstellung eines möglichst sicheren Informationsstandes bei den Mitarbeitern
- Gemeinsame Lageeinschätzung
- Kanalisierung und Verarbeitung von Nachrichten
- (Neu-) Ausrichtung des Teams nach veränderter, gravierender Information
- Schaffung von mehr Sicherheit und Orientierung
- Team zusammenhalten und Gemeinschaftsgefühl erhalten/wiederherstellen
- Ggf. Ziele und Aufgaben überprüfen/neu formulieren oder bestätigen

9.4.3.3 Vorgehen

Rufen Sie, sobald Sie Kenntnis von der neuen, gravierenden Information haben, Ihr Team zusammen. Wer kommen kann, kommt. Die anderen Teammitglieder werden später informiert.

- Teilen Sie mit, was Sie wissen (und sagen dürfen).
- Lassen Sie die Mitarbeiter ergänzen, was Sie noch zusätzlich wissen bzw. gehört haben, um das Bild zu vervollständigen.
- Erklären Sie, was Sie bisher von Ihrer Führung/Top Management gehört haben.
- Stellen Sie bei gesicherten Fehlmeldungen die Informationen richtig.
- Machen Sie eine kurze Lageeinschätzung:
  - Wie sehen Sie die Situation jetzt?
  - Was sagen die Mitarbeiter? Wie schätzen sie die Lage ein?
  - Was löst das im Team aus? Gehen Sie ggf. auf Befürchtungen konstruktiv ein.
- Geben Sie dann die weitere Richtung vor:
  - Woran wird weiter gearbeitet?
  - Was muss neu bewertet und geklärt werden, auch mit Ihrer Führung und angrenzenden Abteilungen?
  - Welche Informationen sind nicht gesichert und müssen mit der Führung verifiziert/überprüft werden?

- Machen Sie klar, was Sie als Nächstes unternehmen werden, um noch mehr Klarheit zu schaffen und halten Sie das Team auf dem Laufenden.
- Stellen Sie sicher, dass alles Wichtige gesagt wurde und das Team wieder arbeitsfähig ist.

Rahmenbedingungen

- **Zeit:**
  5–max. 30 Minuten
- **Teilnehmer:**
  Ihr Team, bzw. Teile Ihres Teams, die anwesend sind
- **Räumliche Erfordernisse:**
  Wo immer möglich und Raum vorhanden ist: Büro, Meeting-Raum, Gang etc.
- **Hilfsmittel:**
  Keine notwendig

9.4.3.4 Anmerkungen zur Wirkungsweise

Schnell, einfach, effektiv, effizient. Mit sehr einfachen Mitteln schaffen Sie mehr Transparenz, Orientierung und Sicherheit und stellen sicher, dass Ihr Team arbeitsfähig ist und bleibt.

9.4.4 Weitere Coaching Tools zur Verbesserung der Selbstführungskompetenz Ihrer Mitarbeiter

Neben den bereits dargestellten Tools zum emotionsfokussierten Copings und Coachings Ihrer Mitarbeiter können Sie auch sehr gut Tools benutzen, die Sie für Ihr Selbstcoaching bereits kennen (Abschn. 7.2.).

Was für Sie selbst gut anwendbar ist, wird bei entsprechender Anwendung und Unterstützung durch Sie vielleicht auch Ihren Mitarbeitern helfen können.

Voraussetzung ist aber immer, dass die Mitarbeiter Ihr Coaching und Ihre Unterstützung gerne annehmen. Andernfalls wirken diese Instrumente eher kontraproduktiv. Natürlich können die Mitarbeiter die Tools auch im Selbstcoaching und/oder mit Kollegen nutzen, wenn Sie genügend qualifiziert sind und entsprechende Informationen und Unterstützung haben.

In diesem Fall könnte man den Mitarbeitern die Tools für die Selbstanwendung zugänglich machen z. B.: die Tools kopieren und zum Lesen geben und/oder erläutern und erklären. Im weiteren Verlauf können Sie dann auch die Umsetzung unterstützen, indem Sie Hilfe anbieten, wenn bei der Eigenumsetzung/Selbstcoachings der Mitarbeiter Hindernisse entstehen, die Mitarbeiter Nachfragen haben und um Hilfe bitten.

Folgende Tools sind ggf. auch für Ihre Mitarbeiter hilfreich:

- Finden Sie Ihren Standort (Abschn. 7.2.1)
- Finden Sie Ihre Stärke (Abschn. 7.2.2)
- Nahrungslandkarte (Abschn. 7.2.3)
- Kleine Entscheidungshilfe (Abschn. 7.2.5)

9.4.4.1 Herausforderung/Problemstellung

- Mitarbeiter wirken energie-, wirkungs- und orientierungslos.
- Mitarbeiter erscheinen desorientiert.
- Mitarbeiter reagieren zunehmend emotional.
- Mitarbeiter treffen kaum mehr eigene Entscheidungen, obwohl Sie Kompetenz hierfür haben.
- Mitarbeiter nutzen ihren Handlungsspielraum nicht mehr.
- Mitarbeiter arbeiten immer weniger selbstverantwortlich.
- Mitarbeiter scheinen unausgeglichen und gesundheitlich angeschlagen.

9.4.4.2 Ziele/Nutzen

Mitarbeiter lernen:

- Kraft und Energie zurück zu gewinnen
- Ausgeglichenheit und innere Ruhe wieder herzustellen
- Stärkung Ihrer Kondition – körperlich, geistig, emotional
- Selbstreflexion und Selbstführung
- Verbesserung der Selbstorganisation und Ihres Entscheidungsverhaltens

9.4.4.3 Vorgehen

Sprechen Sie die Mitarbeiter an. Geben Sie Ihnen Feedback, was Sie beobachten. Fragen Sie nach, ob sich Ihre Beobachtung mit der Selbstwahrnehmung der Mitarbeiter deckt. Fragen Sie die Mitarbeiter, ob sie Unterstützung wünschen. Bieten Sie die entsprechende Hilfe durch die Selbstcoaching Tools an.

Beobachten Sie, ob die Mitarbeiter besser zurechtkommen und die Tools anwenden können, ggf. durch Nachfragen. Bieten Sie weitere Hilfe an.

Rahmenbedingungen

- **Hilfsmittel:**
Unterlagen/Kopien der Tools
Ggf. Flipcharts und Moderationsmaterial/-stifte

9.4.4.4 Anmerkungen zur Wirkungsweise

Bei Mitarbeitern, die schon relativ weit in der eigenen Entwicklung sind, aber in der Krise noch nicht vollkommen selbstorganisiert, selbstbewusst, eigenverantwortlich und zielorientiert handeln, können diese Tools extrem hilfreich sein in der Rückgewinnung von Selbststeuerung und Selbstorganisation.

Je mehr es gelingt, dass die Mitarbeiter sich selber helfen, desto mehr Spielraum haben Sie als Führungskraft in anderen Bereichen der Krisenbekämpfung. Das Team wird durch selbstbewusstere Mitarbeiter gestärkt. Die persönliche Weiterentwicklung der Mitarbeiter wird gestärkt und gefördert, insbesondere in den Bereichen Persönlichkeit, Selbststeuerung, Selbstbewusstsein und souveränes Handeln in belastenden Situationen.

Literatur

Bruch H, Vogel B (2009) Organisationale Energie. Gabler, Wiesbaden

Bruch H, Menges J (2008) Grundzüge einer problemorientierten Führung: Negative Emotionen konstruktiv nutzen. DGFP Online Artikel. Zugegriffen 30.06.2009

Ellebracht H, Lenz G, Osterhold G (2007) Coaching als Führungsprinzip. Gabler, Wiesbaden

Whitmore J (2006) Coaching für die Praxis. Allesimfluss, Staufen

Kooperation mit der Umwelt 10

Das Überleben von Organisationen hängt davon ab, wie sie auf die sich ändernden Umweltbedingungen reagieren, d. h. wie gut die Organisation und vor allem deren Führungskräfte Informationen aufmerksam aufnehmen und die relevanten Informationen verarbeiten. Insofern ist die Kooperation mit der Umwelt auch eine Führungsaufgabe, auch wenn eine direkte Einflussnahme durch Führung hier nicht oder weit weniger möglich ist als bei den anderen beschrieben Führungsebenen.

Da die Umweltbedingungen immer komplexer werden – zunehmend diversifizierte Märkte, vielfältige Kunden und Lieferantenbeziehungen, in- und outgesourcte Leistungen und Prozessketten, sozial-ökologische Zusammenhänge, Regulierungen und Deregulierungen, neue Gesetzgebungen, um nur einige zu nennen – steigen die Herausforderung an die Führungskräfte auch hier. Der Blick muss zunehmend auch nach außen gehen und zwar nicht nur für Marketing und Vertrieb. Netzwerke sind hier heute schon von zentraler Relevanz. Substantielle Beziehungen zu Personen und Organisationen in der Außenwelt bilden ein wichtiges Kapital, um an notwendige Informationen und Ressourcen heran zu kommen und Leistungen verkaufen zu können. Erst wenn man diese schnell und sicher bekommt, kann man auf komplexe Herausforderungen überhaupt reagieren. Es wird heute immer wichtiger, Tendenzen frühzeitig zu erkennen. Hierfür sind Informationen notwendig, die eben nicht nur in der Öffentlichkeit erhältlich sind.

Auch die Produktions- und Arbeitsweisen werden immer integrativer, Prozessketten und Arbeitsplattformen immer mehr ineinander integriert. Kooperation und Abgrenzung werden immer fließender und empfindlicher, nicht nur in der Automobilbranche, wo Konkurrenten auch zu Partnern werden und umgekehrt. Es wird auch hier immer wichtiger, in ein kooperatives Miteinander zu gehen – bei gleichzeitiger Wahrung der Grenzen und des Wettbewerbs. Gerade Führungskräfte stehen hier vor schwierigen Aushandlungs- und Entscheidungsprozessen und permanenter Beziehungspflege ihres Sozialkapitals.

F. Saur und H. Ellebracht, *Führen in schwierigen Zeiten*,
DOI 10.1007/978-3-8349-3693-6_10, © Springer Fachmedien Wiesbaden 2014

Dies gilt auch in der Krise. Verfügt eine Führungskraft bzw. Führungsmannschaft und Organisation bereits über gute, belastbare Kooperationsbeziehungen mit der Außen-/Umwelt, wird es in einer schwierigen ökonomischen Situation aller Wahrscheinlichkeit einfacher, mit dem Umfeld die veränderte Situation zu besprechen. Zur Lösung der unternehmerischen Probleme braucht man in besonderem Maße das Wohlwollen z. B. der Banken, um Finanzierungsprobleme zu lösen, oder auch von Lieferanten, Outsourcern, Behörden etc. die das Unternehmen unterstützen und daran glauben, dass es gelingt, die Krise zu meistern. Vertrauensvolle Beziehungen sind nicht der einzige Garant. Natürlich ist zu allererst ein schlüssiges Managementkonzept notwendig, um die Krise zu meistern. Aber es dürfte einfacher sein, dieses in Gang zu setzen, die notwendigen Verhandlungen erfolgreich zu führen und die Unterstützung von den Partnern zu erhalten, wenn Vertrauen und belastbare Beziehungen vorhanden sind, genauso wie Zutrauen in die Fähigkeit der Führung und Organisation. In der Krise ist dieses Vertrauen meist gestört bzw. zerstört und es wird eine zentrale Führungsaufgabe sein, Vertrauen, Kommunikation und Kooperation mit der Außenwelt wieder aufzubauen und neu zu gestalten.

Gute Führung der Umwelt baut auf:

- exzellentes Stakeholdermanagement,
- gute Beziehungen und Vertrauen,
- vertrauensvolle Kommunikation,
- Sozialkapital,
- Netzwerke,
- belastbare Kooperationsbeziehungen.

In der Krise ist der Erhalt bzw. die Wiederherstellung dieser Faktoren zentral.

Zur Wiederherstellung dieses Vertrauens ist es wichtig, neben dem bereits erwähnten schlüssigen Managementkonzept auch hier die Kommunikationsprozesse entsprechend zu gestalten und auszurichten.

Hierfür braucht es analog zur Führungs- und Mitarbeiterkommunikation ein entsprechendes Kommunikationskonzept und einen Kommunikationsplan.

Auch hier ist ein Vorgehen in folgenden Schritten sinnvoll:

Aufgabe 1: Stakeholder analysieren
Aufgabe 2: Basierend auf dem Managementkonzept eine sinnhafte Geschichte und
            glaubwürdige Inhalte und Botschaften entwickeln

Aufgabe 3: Kommunikationsprozess planen
Aufgabe 5: Einzelne Kommunikationsmaßnahmen planen und durchführen

Identifizieren Sie zunächst, alle wesentlichen externen Stakeholder und klären Sie, welcher Informationsbedarf vorhanden und vor allem, welches Vertrauen bei den Partnern nach Eintritt der Krise noch da ist bzw. wieder aufgebaut werden muss. Natürlich sind hier andere Informationen wichtig als bei der Führungs- und Mitarbeiterkommunikation. Dies gilt auch für das Kommunikationskonzept sowie die Planung des gesamten Kommunikationsprozesses.

Unterschiedliche Führungsebenen haben unterschiedliche Kommunikations-partner mit unterschiedlichen Informationsbedürfnissen. Eine Bank oder ein Lieferant hat einen anderen Informationsbedarf als ein Kunde. Wichtig bei allen Kommunikationsmaßnahmen ist, auch wenn sie für unterschiedliche Kommuni-kationspartner unterschiedlich formuliert sind, dass sie im Kern denselben Inhalt haben und dieser auch wirklich glaubwürdig ist und nicht nur klingt. Es geht ja gerade darum, Vertrauen wieder aufzubauen und dies gelingt – professionelle Kommunikation hin oder her – nur, wenn der Kern stimmt, unabhängig davon, wie schwierig der Inhalt und das anschließende Gespräch auch sein mögen. Eine weitere Enttäuschung hat an dieser Stelle weit schwerwiegendere Folgen als ein schwierig zu vermittelnder Inhalt. Insofern ist es von entscheidender Bedeutung, eine über alle Führungs- und Mitarbeiterebenen extrem gut abgestimmte und wirklich glaubwürdige Außenkommunikation herzustellen.

Im Falle einer Krise einer größeren Organisation und/oder eines Geschäftsfeldes sollte man die Gestaltung und Steuerung solcher Kommunikationskonzepte und -prozesse besser Experten für Krisenkommunikation überlassen, da es erstens in vielen Bereichen Besonderheiten gibt, die zu beachten sind und zweitens wegen des Abstimmungsaufwandes auch sinnvoll erscheint, diesen Prozess professionell zu steuern. Investoren und Banken müssen anders behandelt werden als Kunden. Und die Presse hat noch einen ganz anderen Kommunikationskodex. Es ist sicher nicht überraschend – die positive oder negative Wirkung einer Kommunikation an dieser Stelle ist überlebenskritisch. Insofern wollen wir an dieser Stelle bewusst keine Toolbox anbieten.

Sollte es sich allerdings um eine Krise einer kleineren Organisationseinheit han-deln, ist es möglich, anhand des in Abschn. 9.3.1 bis 9.3.5 bereits beschriebenen Vorgehens auch einen Kommunikationsplan für die eigene Umwelt zu erstellen – beispielsweise, wenn Sie Leiter einer Abteilung sind und diese, aus welchen Grün-den auch immer, gerade in Schwierigkeiten steckt.

Die Autoren

Frank Saur, Diplom Volkswirt, ist internationaler Organisationsberater, Führungskräfteentwickler, Coach und Trainer. Seit über 15 Jahren beschäftigt er sich mit
Führungskräfte- und Organisationsentwicklung in turbulenten, komplexen und
richtungsweisenden Situationen.

Er begleitet und arbeitet für internationale Unternehmen und führte eine
Vielzahl von internationalen Veränderungsprozessen und Führungskräfteentwick-
lungsprogrammen durch. Führungskräfteprogramme zur Führung in der Krise
leitete er u. a. während der Finanzmarktkrise in der Bankenbranche. Er unterstützt
Menschen und Organisationen, in der sich schnell verändernden und komplexen
Welt erfolgreich zu sein und nachhaltige Lösungen für die Zukunft zu erarbeiten.

F. Saur und H. Ellebracht, *Führen in schwierigen Zeiten*,
DOI 10.1007/978-3-8349-3693-6, © Springer Fachmedien Wiesbaden 2014

Heiner Ellebracht, Dr. med., Arzt und Psychotherapeut, gründete 1989 gemeinsam mit Gisela Osterhold und Gerhard Lenz das europäische Netzwerk eurosysteam und 1991 die systemische Organisations- und Unternehmensberatung eurosysteam GmbH.

Als Consultant, Coach und Management-Lehrer zählen seitdem Führungskräfte aller Ebenen und Branchen in Beratung und Ausbildung zu seinen Kunden. Er unterstützt sie in Führungs- und Teamentwicklungen sowie im Krisen-, Konflikt- und Stressmanagement. Schwerpunkte seiner Arbeit liegen in der Gestaltung und Durchführung von Change-Prozessen sowie in der Entwicklung und Durchführung maßgeschneiderter Programme zur Veränderung von Führungs- und Unternehmenskultur.

In seinen Publikationen im Gabler-Verlag stellt Heiner Ellebracht Ansätze, Verfahren und Praktiken der systemischen Organisations- Entwicklung und Beratung vor.

www.eurosysteam.com